JN073975

大和朝廷の謎と「日本」建国史

歴史言語学者
加治木義博

ロング新書

もくじ／大和朝廷の謎と「日本」建国史

第一章

第二章

『日本書紀』が巧みに合成した神武天皇像

【第一章】

『天孫降臨』は神話か史実か？

日本人は宇宙人の子孫か？

文字で記録された日本人の歴史は、神武天皇から始まっているから、どんなに長く見積ったとしても、わずか二〇〇〇年ていどでしかない。

ところが日本史の最初を飾る『日本神話』では、天皇家の先祖は天空からやってきてこの列島を支配したと書いてある。『天孫降臨神話』がそれだ。

それだけではない。スイスの宇宙考古学者でSFのベストセラー作家、エリッヒ・フォン・デニケン氏は、日本を訪れて青森で『東日流外三郡誌《つがるそとさんぐんし》』の伝承者・和田喜八郎氏を訪ねて、縄文時代の日本列島から多数発見されている「遮光器土偶《しゃこうきどぐう》」の一つを手にしたとき、これは「間違いなく宇宙人だ！」、やはり日本の『天孫降臨神話』は真実だったといって、日本人こそ、まぎれもない宇宙人の子孫なのだと、その著書で世界の人々に広くそれを伝えた。

全世界の人々が、半裸体か、布を体に巻きつけているか、せいぜいが「貫頭衣《かんとうい》」ていどのものしか着ていなかった縄文時代に、あの土偶はまさに、誰がみても宇宙服に見えるほどの、高度のスタイルと機能性をそなえた、全身を完全に保護する服を身につけているのだ。

遺物が語る高度の縄文文明

しかもその全体の構造は、いかにも宇宙服を思わせるように、普通の人体のバランスを大きく崩している。これは衣服が人体に密着していない防護機能を内蔵していることを示し、大き過ぎる頭部も、ヘルメットのサイズなのだと考えると不思議ではなくなる。

その像は一見してわかる冠状のヘルメットで頭部を覆い、「遮光器」と呼ばれる飛行眼鏡そっくりのものをかけ、そのゴーグルの下の部分も、見様によっては酸素マスクのように見える丸い孔が、口の位置とかなりずれて開いている。

顎《あご》の部分にも、かつて米空軍で使用していたのと同じ型式のヘルメットを止める顎あてまでついていて、すべてが当時の文化度とはあまりにもかけ離れすぎている。

私たちは、日本史が書く二〇〇〇年の歴史以前にも弥生・縄文・石器といった時代に、この列島に多くの人々が住み、当然、歴史があったのだが、文字に書いた記録として発見されていないだけだと知っている。それを仮に「神代《かみよ》」とよんで、神武天皇より前につけ加えたのだとしたら、デニケンらの説は、これまでのように無視していてよいのだろうか……。

まずデニケンたちに「日本人は宇宙人だ」と思わせた、その『天孫降臨』神話とはどんな記録なのか、それから見ていってみよう。

『天孫降臨』とはどんな記録か？

『日本書紀』の記事の「本文」にはこう書いてある。

「高皇産霊《たかみむすび》の尊が真床追衾《まとこおうふすま》というものを、皇孫・天津彦火《ほ》の瓊瓊杵《ににぎ》の尊に着せて降《くだ》らせた。皇孫は天の磐座《いわくら》を離れ八重雲を押し分けて日向の襲《ソ》の高千穂の峰に天降った。そして串日の二上の天の浮き橋から平らなところに降り立って、膂宍《そしし》の空国《からくに》を国を求めながら行き、吾田《あた》の長屋の笠狭《かささ》の岬につくと、そこに自称・事勝国勝長狭《ながさ》と名乗る男がいたので、『どこかに国があるか？』と尋ねると、『ここにあります、御心のままに遊ばせ』と答えた。皇孫はそこで〈鹿《か》葦津姫《あしつひめ》〉別名〈神吾田津姫《かあたつひめ》〉〈木花開耶姫〉という美人と結婚した」

『天孫降臨』というのは脚色をとるとこれだけの話である。それは『日本書紀』と『古事記』と『先代旧事本紀』という日本最古の歴史書に載っている。戦前の小学校ではこれを史実として歴史科の初めで教えた。八十歳以上の方はご記憶があると思う。

ところが私が精密に分析してみると、それは史実は史実でも「神代」の史実ではなくて、はるか後世に現実にあった大戦争記録の一部が、なぜか、とんでもなく古い時代にもっていかれていたのである。

その大戦争とは前巻『虚構の大化改新』で詳説した大阪戦争のことで、七世紀の事件だったのである。そんなものがなぜ、紀元前の神話にまぎれこんだのだろう？

私がこの事実にどこで気づいて、その謎をどう解いていったか……、順序どおりに、そのあらましをお話ししていこう。

この問題に取り組むきっかけになったのは、鹿児島・薩摩半島南端の、山川町《やまがわ》に住む親友・宮田寅則氏のお母さんが、三〇年ほど前に話してくれた枚聞《ひらきき》神社の祭神と祭りにかかわる奇妙な伝承であった。

枚聞神社の祭神は、何と！……「天智天皇」で、そのお祭りには天智天皇に扮した男性が、白足袋を片一方だけはいて、お嫁さんの「木花開耶姫」の手を引いて行列に加わるのだという

……!?

そこで私はすぐに神社に参拝して宮司さんに尋ねてみた。すると「当社の由緒記には、祭神は枚聞神とあり、天照大神のことだろうと書いてありますが、諸説あってはっきりしません。

だが天智天皇と木花開耶姫の伝承は、時代がわからぬほど非常に古くからのものです」という答えが返ってきた。

木花開耶姫と天智天皇は夫妻だった

鹿児島県の枚聞神社には、なぜこんな伝承が残されているのだろう。私の研究はこの疑問から始まった。これまでは木花開耶姫《このはなさくやひめ》といえば「天孫・ニニギのミコト」のお后《きさき》で「神話の中の人物」だと信じられていた。それなのに調べれば調べるほど、その伝承は、まぎれもない真実を伝えていたのである。

だが、彼女が七世紀の実在者であるばかりか、事もあろうに天智天皇の皇妃であったというのだから、「まさか」と半信半疑の方も多いと思う。

さらに、奇妙な点は、彼女の「名乗り」は、天智天皇によって滅ぼされた「大阪・倭国政権下だけにしかありえない」大阪の地名を網羅した名乗りであるということである。

しかもそれは、さらに大化改新当時の女帝の名乗りとも一致している。ということは、天皇に敗れた敵・蘇我蝦夷の妻でもあったということである。

孝徳天皇は蘇我蝦夷だった

「名乗り」というのは、倭の五王が「倭・百済・新羅・任那・加羅・秦韓《しん》・慕韓《ぼ》・七国諸軍事・安東大将軍・倭国王…」といった「名乗り」を名乗ったのと同じく、領有する土地の名を並べたものである。では彼女たちの名乗りは、大阪のどこの地名なのだろう？

これまで「大化改新」と呼ばれてきた「統一日本国誕生」までは、天智天皇によって倒された倭国政権、孝徳天皇の「長柄豊碕《ながらとよさき》の宮」は今の大阪市北部にあった。これは今も長柄・豊崎という地名や橋や神社などが残っているので異論はない。

おいおい説明していくが、孝徳天皇と蘇我蝦夷は同一人物である。

今は、明治末につくられた新淀川にへだてられているが、その新淀川の北に広がる大阪府旧豊島郡が、その地名からいって、当時の倭国連邦の皇帝・孝徳天皇の「豊日の国＝豊日国《しま》」だったことは疑いない。孝徳天皇の名乗りが「豊日天皇」と記録されているからである。だからその皇妃・木花開耶姫の名乗りの土地も、その「豊日の国」の中か、そこから遠くない地域にあったはずである。

また孝徳天皇は即位前の名を「軽の皇子」という。この「軽」は天皇たちの使っていた鹿児島語では「カイ」と発音するから「開《かい》」「蝦夷《かい》」という当て字でも書ける。これは同時存在だった「天命開別《あめみことひらかすわけ》」という天智天皇の名乗りの「開」であり、蘇我蝦夷の「蝦夷」とも同じだということである。

天智天皇は対立した相手で同一人ではないから、この「開」には用がないが、天智天皇からみて同じ立場にいる孝徳天皇と蘇我蝦夷は、同一人であっても不思議ではない。

『日本書紀』は「万世一系」を強調する目的で、ずいぶん小細工が目立つ。これは天皇を敗北者にしたくないために二人に分けたから、同じ時代の同じ政権に、同じ名の支配者が同時に二人存在するという、普通ではありえないことになっているのである。

それは蘇我という姓が、倭国皇帝でなければ名乗れない姓だとわかればなおさらである。蘇我とは倭国連邦皇帝の、古代からの家名であった「ソナカ＝石ナ河《そか》＝蘇ナ我」への当て字であった。「ナ」は助詞の「……の」に当たるから、省略しても間にナを入れて読むのが古代の習慣である。ソナカという姓は仲哀天皇の「足仲《そなか》」、神功皇后の「息長《そなか》」と同じものだから、倭国政権最後の最高実力者であった孝徳天皇と蘇我蝦夷は、どの角度から見ても同一人であったという結論になる。

蘇我がソナカだったことは、その仏教との関係でもわかる。『日本書紀』では仏教が六〜七世紀に伝わったように描かれているが、ソナカ一族は紀元前三世紀にインドのアショカ王の命を受けて、数世紀にわたりインド以東の国々にアショカ仏教を宣布した布教団の最高指導者で、ミヤンマーから台湾に至るまでを傘下に収めて、卑弥呼と結婚した足仲彦《ソナカ》＝仲哀天皇（神話の天の稚彦）が日本列島へそれを広めたのであって、二〜三世紀のことである。

卑弥呼の鹿児島倭国政権は邪馬壹《いち》国に滅ぼされたが、南九州から日向→大分→四国→大阪と東遷していった倭国は、以後ずっと大化まで続いた仏教国だったのである。

神武と天智それぞれの敵は一家全部が一致

豊日は「トビ」と読める。『古事記』の〔神武天皇記〕では、神武天皇の敵将は「登美能那《とびのな》賀須泥毘古《がすねひこ》または登美毘古」と書かれている。『日本書紀』の「長髄彦《ながすねひこ》」である。その妹が「登美夜毘売《とびやひめ》」で、『日本書紀』では「三炊屋媛《みかしぎやひめ》または長髄媛または鳥見屋媛《とみや》」と書かれて、「ニギ速日のミコト」の妻になって、「宇麻志麻遅《うましまじ》のミコト」を生んでいる。

この人たちを見やすいように系図にして孝徳天皇たちの系譜と比較すると、その一家全員が、それぞれ同一人であることが一目でわかる。

（『古事記』）

登美毘古
登美夜毘売
ニギ速日のミコト
宇麻志麻遅のミコト

（『日本書紀』）

長髄彦
三炊屋媛
ニギ速日のミコト
可美馬手のミコト

ウマシマジ
（馬　子馬子）
ウマコ

橘豊日＝用明天皇
豊御食炊屋姫
天萬豊日尊
厩　戸皇子

（蘇我倉山田石川麻呂と他の高句麗王とで合成、混乱）
（推古、実は皇極・斉明などから分裂し混乱している）
（聖徳太子、馬　子・以下多数の皇子に分裂）
（孝徳、実は蘇我蝦夷……以下多数の天皇に分裂し混乱）

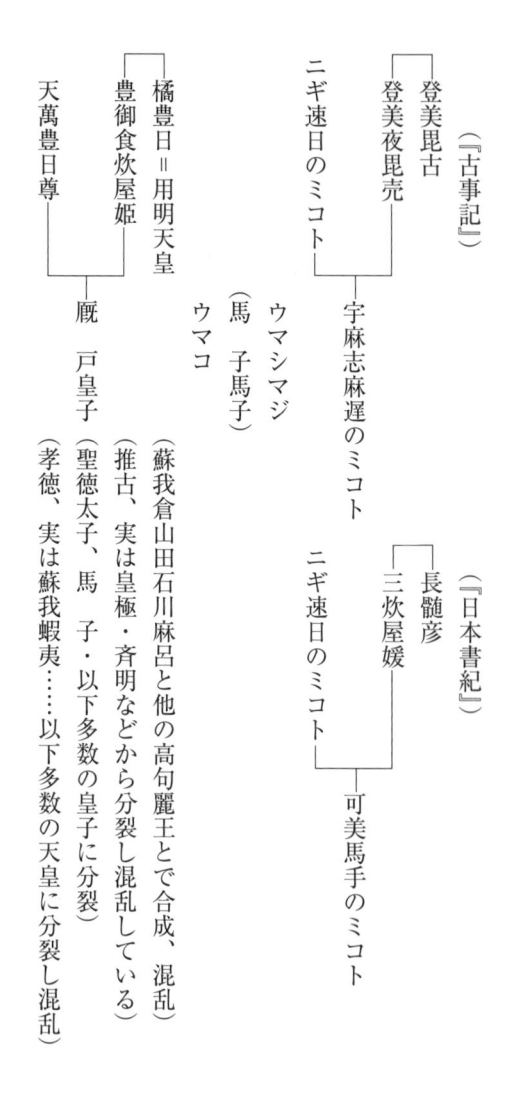

　もう説明はいらないと思うが、念のために読みガナをふって並べるとこうなる。これまでは紀元前と七世紀の別の事件だと思われてきたが、実際には七世紀の一つの事件を二つに分割して、一つを「古代史」として利用されたことが一見してわかる。

名乗りが示す領地は北大阪・十三地区

トビビコ	トビヤヒメ	ウマシマジ	ナガズネヒコ
登美毘古	登美夜毘売	宇麻志麻遅	長髄彦
天萬豊日尊	豊日国毘売	馬　子馬子＝厩　戸	中　津根彦
トビミコト	トビヤヒメ	ウマシマジ　ウマコ	ナカヅネヒコ
	鳥見屋媛		中　の大兄
トミ	トミヤヒメ		ナカツオミ
			中　　臣
		中津・十三	ナカト　ミ

　この「トミ」に当たる地名が今も大阪の有名な地名として残っている。それは「十三」とい

う当て字で、発音も「ジュウソ」と変えられているが、それは誰にでも「トミ」と読めるし、その位置からいって「鳥見屋媛」の「トミ」であることは間違いない。

この十三の中心部に「木川」という地名がある。これは戦前までは「キカハ」とフリガナして、キガワと発音していた。そこは中心街の東部で、西には「三津屋」がある。この「津」は助詞の「……の」に当たる「……ケ＝ガ」と同じものであるから省略して、「十三屋」と三を重ねると、やはり「鳥見屋」になる。

また表の終わりに書いておいた「中臣」も「中津」と「十三」を足した名乗りにぴったりである。大化改新の立役者・中臣鎌子＝藤原鎌足が、何と！「長髄彦」だったことになる。

推古天皇と炊屋姫は「吹田」姫

この「トミヤ・ミカシギヤヒメ」は、『日本書紀』では数代前の天皇として、ダブって使われている推古天皇の名乗りに一致する。これも見やすくしてご説明しよう。

登　美（豊　日）夜　　毘売

トビの炊屋姫　炊屋姫（ニギ速日の妻）
トミケカシギヤヒメ　登美ケ（……の＝助詞）
豊御食炊屋姫天皇　推古天皇の名乗り
三津屋（＝ヤ＝国）　ケも津も助詞の「……の」
スイダ（＝ラ＝国）　ダはラの鹿児島語訛り
十三吹田　現在はスイタと発音する

十三と三津屋はわかるが、この地域には「カシギ」に当たる地名も、似た地名もない。後で詳しくご説明するが、これは福岡市の香椎でもある。しかしさらに謎解きが進んでここまでくると、この「炊」の字は炊事の「スイ」という発音で、木川の東に隣接する吹田に一致することは、この比較表でよくおわかりと思う。

「吹田」は今は「スイタ」と発音するが、「田」を「ダ」と発音すると、国を「ラ・マ・ヤ・ナ」と呼んだ古代国称の「ラ」が鹿児島などの方言で「ダ」と訛るのに一致する。

炊も吹もどちらも「スイ」で、それに「ヤ」をつけたものが「炊屋」であり、「ダ」をつけたものが「吹田」と当て字されたもので、推古天皇の名乗りは、豊日の国の三津屋から吹田までの、当時の河内湖北岸の代表的地名を並べたものだったのである。

次は木花開耶姫の名乗りをみてみよう。

木　ノ　花　　　開　　耶　　姫
キ　　　カ　　　カイ　　ヤ　　ヒメ
キ　　　　　　　ヒラキ
木　　　川　　（枚　方＝白肩＝シラケン＝沖縄語では「シラキの」になる）
木　ガ　ハ　ナ　シラキ　ヤ　　ヒメ　（ノもガも助詞の「……の」）
木　　　川　　　国　新　羅　国　　（新羅の薩摩語発音はヒラキ）

これを推古天皇の名乗りと比べると、同じトビの中で隣接する所領地を持ってはいるが、その地域も所有者も違うことがわかる。「キノ」は「チノ」という沖縄発音と同じだから、彼女は孝徳・天智両天皇妃の「チノ・イラツメ＝遠智娘（阿チのイラツメ）＝乳娘（チのイラツメ）」なのであることが、比較によってすぐわかる。

この名乗りは「開＝蝦夷」が入っているので、「軽・蝦夷」孝徳天皇＝蘇我蝦夷の正妻だったという名乗りだが、天智天皇も前身は「開聞＝新羅王」で、勝利後「日羅＝日の国＝日本」皇帝になったから、これは再婚後の正式の名乗りだということにもなる。

木川は女帝木花開耶姫が支配する領土の中心を示す地名

ここでご注意いただきたい重要なことがある。それはこのままだと、この木川という小さな町だけが、彼女の領地だったのだと錯覚してしまうからである。

この「木」は「キ＝黄」であって、東を青、西を白、南を赤、北を黒、中央を黄で表現した当時の倭国「五彩圏連邦」時代の、連邦の中心、すなわち「首都圏」を意味する「黄＝キ」に対する、別の当て字なのである。

そしてこの「木」は当時連邦の中心にいた人々の方言差を考えると、沖縄系の人には「チ」であり、種子ガ島系の人には「キ」であり、鹿児島系の人には「コ」であった。

だから大阪府南部の古名「チヌ＝茅沼」は沖縄語の「木の」で、その南にひろがる「キノ国＝紀の国」も「木の国」、朝鮮半島の「コマ＝高麗」も「木＝コ、国＝マ」だから、そのすべてが、彼女の領地だったのである。それはあちらこちらに分散しているから、同じ名では都合が悪い。

そこでいろいろな方言を活用して、区別のつくようにして、当て字も変えていたのである。それを名乗りに凝縮すると「木」の字なら一字で用が足りたのである。

だから木川とは、それらの連邦を構成していた小さな国々を引っくるめたもの「黄の国」であって、豊日の国にあった木川は、連邦の行政府の役所と皇帝のいる場所、すなわち「宮」があった場所の呼び名だったのである。そこには隣接して宮原という地名もある。

戦前でいえば「日本政府」のある都市「東京都」にある「皇居」といったようなものである。木川は「黄の国の宮」すなわち「黄の国の政府の役所と連邦の皇帝である姫君のいる宮殿のあるところ」という意味で呼ばれていた「名称」の遺物であって、それが地名として現在まで残ったのだから、「日本誕生期の最重要無形文化財」に指定しなければならない。

それが「木川＝キガハ、国＝ナ」と呼ばれていたから、「木ガ花」という読みの当て字が使われ、これらの「ガ」や「ノ」などの助詞は省略して書かない習慣によって、木花を「コノハナ」と読むことが定着してしまったが、それが今、はっきり間違っていたことがわかってみると、「木花開耶姫」とは、「連邦の皇帝」で「新羅国王」を兼ねた「女王」というのが名乗りの真実の意味なのである。

推古天皇と斉明天皇の共通点

次に、福岡の「香椎＝カシー国」も「炊屋」に当たる点を考えてみよう。彼女は吹田に住んでいたのだから、そこに「炊」の地名が残り、それを消すために「カシー」は「スイ」という発音に変えられ、後世にはさらに当て字も「吹」に変わった。しかし都から遠く離れた福岡には「香椎」という発音と当て字がそのまま残った。

それは単に距離の遠さだけでなく、そこにその女帝本人が葬られているという消しがたい悲劇の記憶が、真実の名を永く残したのである。これはまた、吹田と福岡の双方に彼女の歴史がまたがっていたという手掛かりでもある。

しかしこのことは、『日本書紀』では斉明天皇一人の死の歴史としてしか書いてないので、今ここで、この「名乗り」の謎が解けたことによって、天皇名の実体が明らかになり、福岡とは何の関わりもない推古天皇の名乗りだけが福岡に残って、反対にその名乗りをもたない斉明天皇がそこで死んだことになっている『日本書紀』の矛盾から、推古・斉明の二天皇が実は同一人だったという事実が明らかになったのである。

だがそれだけでなく、それには「倭国史」にとって、もっと重要な他の要素も絡んでいる。それは「カシー」という名詞の歴史が卑弥呼をはじめとする謎の女王名の秘密を解き明かしてくれたからである。カシーの本来の意味は「愛」というマレー語で、「卑弥呼」という名詞と同じ意味をもった「倭女王を意味する古語」の遺物である。そのために、古代に同じ福岡で死んだ女王・壹與＝神功皇后の名乗りとも混乱している。

しかしそれらが一つずつ解けていって完全に解明された現在では、この名乗りと地名の関係は、推古・斉明二天皇が実は同一人であり、しかも吹田と香椎とにまたがる歴史をもっていることをはっきりと示しているのである。

なぜならそれ以外には斉明天皇が死んだ福岡と、推古天皇が君臨していた吹田との間に、こんな「名乗りの重なりや分布」が起こる理由は絶対にないからである。だが旧式の史学はこんなに大きな矛盾にも気づかずに、現在まで間違ったことを教え続けてきたのである。

木花開耶姫の『日向神話』は本当に神話か？

次はそれらの名乗りが、さらに新しい謎を解いて、当時の支配体制の姿を浮き彫りにするという事実をご覧いただこう。

繰返しご注意いただきたいのは、これまでお話ししてきた十三・三津屋・木川といった小さい町村ていどの地域の名を彼女らの全領地だと思ってはならないという点である。推古天皇は、天皇としては斉明天皇の別名にすぎないが、その実体は連邦の女帝で倭国女王だったのだから、「豊御」は十三にも合うが、豊日にも合う。これは明らかに豊日国＝豊島郡全体を指している、といったことなどである。では十三は何なのか？　領土の名とそこを治める役所の名は同じだから、それは豊日国の役場や、豊日女王の宮のある場所だ。十三は小国の都心の名だったのである。

同じようにみると、三津屋は「三の国＝三之国」だから隣接する三島郡。木川は大阪南部から和歌山県にかけての「チヌ国・キノ国」の役所も含むし、また隣接した「三国」には、高句麗・百済・新羅の三韓三国を管理管轄する役所があったとみるべきである。

もちろんこれだけで倭国連邦の領土全部は表現できない。倭の五王でさえ二百以上の小国を治めていた。それをすべて名乗りに入れることは不可能なので、代表的な国名だけを身近なものから大きさ順に並べている。それと同じ型式だから、彼女たちの名乗りでも、彼女たちが「どこに住んでいたか」がわかるのである。それが「豊日の天皇＝孝徳」の都に近い十三だったのだ。「言語復原史学」の働きがおわかりいただけただろうか。

その斉明天皇の宮居に隣接して、チノ・イラツメ・別名・木花開耶姫が住んでいたのが、今の木川町だった。とすれば、これまで『記・紀』の『日向神話』と呼ばれていたものに登場する木花開耶姫は、いったいどういうことになるのだろう……。

この問題は、この本の最初にふれた「日本人は宇宙人か?」という疑問に直結した答えになる可能性がある。なぜならその『日向神話』では、この疑問の主人公『天孫降臨』のニニギのミコトの夫人こそ、この木花開耶姫なのだからである。彼女は日向の吾田の長屋というところでニニギのミコトと結婚したことになっている。

それは同名異人で、他に別の木花開耶姫が存在したのか。それとも逆に、この七世紀の木花開耶姫の話が、神話の中に入ったのだろうか。それはありえないことではない。夫の天智天皇も第一代・神武天皇の部分に入りこんでいる。とすれば『日向神話』は本当に全部が神話なのだろうか……。

【第二章】

『日本書紀』が巧みに合成した神武天皇像

木花開耶姫はなぜ神話化したのか？

木花開耶姫は「乳娘《ちのいらつめ》」と同一人物で、孝徳天皇の妻妾の一人だった。それがなぜ神話の世界にまぎれこんだのだろう？　その理由は、孝徳天皇の別名が「饒速日《ニギハヤヒ》」だったことがわかればよく理解できる。なぜならこの名は「ニギハヤヒ」という発音でこれまで読まれてきたが、それによく似た「ニニギ」という名の神が木花開耶姫と結婚したというのが、『日向神話』と呼ばれてきたものの中にあるからである。だから次のように公式化するとよくわかる。

［夫］　孝徳天皇　＝　饒速日　＝　ニニギの命
［妻］　乳娘　＝　三炊屋姫《みかしぎや》　＝　木花開耶姫

「乳の＝チノ」と「木の＝キノ」とが同じであることは、もうこれまで繰り返しお話ししてきたから、今度は饒速日の命とニニギの命がどう重なるか、詳しくみていくことにしよう。

饒速日命の伝承は、「神武東征」を紀元前後の古い事件だと学界が信じてきた理由の一つであって、彼は神武天皇に倒された前政権の王とされてきた。

この伝承は『先代旧事本紀《せんだいくじほんぎ》』に詳しく神代の事件のように書かれている。学界の大勢は、この『先代旧事本紀』を偽書《ぎしょ》としていながら一方ではそれを信用して、饒速日とは、同時存在である神武天皇と共に、神話時代と人皇時代を結ぶ人物であったとしている。

しかし真実は、その一族のすべての名乗りが七世紀のもので、饒速日一族とは、倭国滅亡〜日本誕生当時の、従来、蘇我氏とされてきたものだった。この話の核心であるもう一つの『天孫降臨』「饒速日神話」を詳しく分析してみる必要がある。

ここで「愛＝カシー」という女王の代名詞と、「カシギヤ」という名乗りの発音の関係についてさらに考えてみよう。「カシー」と「カシギヤ」は同じなのだろうか……。

「カシギ」は南九州訛りでは「カシッ」になる。だがそれは当て字の説明であって、本当は今もお話しした通り、彼女より前に「カシー」と呼ばれた女帝が、幾人も九州にいた事実があることを、まずよく知っておいていただきたい。

その人物は、最初は卑弥呼である。彼女は「ヒミコ」と読むのが当然のようになっているが、卑弥呼という漢字の三世紀当時の「魏の発音」は「ペ・ミャ・ガ」である。これはインド・パーリ語の「愛＝ペマカ」の沖縄訛《なま》りである。

当時の沖縄～南九州は邪馬壹《いち》国の「壹、一」をマレー語で「サツ＝壹・マ＝国」と呼んでいたことでもわかるし、沖縄語そのものがマレー語の一種の三母音語であることでもわかるように、多くのマレー語を話す人々が住んでいた。だからその人々は自分たちの言葉に翻訳して女王を「愛＝カシー」と呼んだ。

同じことは中国系の人々も実行していて「愛＝アイ」と呼び、その墓に「アイの陵」と名づけている。鹿児島県川内市にある「可愛山陵」や大阪府高槻市にある「藍《あい》野陵」がそれだが、一〇世紀初めの政府の法令集『延喜式《えんぎしき》』では、同じ発音だが、卑《いや》しい言葉の「アイ＝埃（ホコリ）」の字にわざわざ変えて「埃山上陵」という字を当てている。旧倭国に対する憎しみが、こんなところにも現れていることに注意する必要がある。

卑弥呼以前には中国にも菩薩号の使用はなかった

この「愛・埃」を土地の人たちは訛って、どちらも「エ」と発音している。このエの山陵は「神代《じんだい》三山陵」と呼ばれるものの一つで、従来は、本題の「天孫降臨」の主人公・ニニギのミコトの御陵だということになっている。

卑弥呼の死後に邪馬壹《いち》国の女王になった壹與もまた同じ「エ」または「カシー」の名で呼ばれた。壹與は［神功皇后紀］の後半のモデルであって、福岡に祭られているのが今の「香椎宮」で、昔の「香椎廟《びょう》」である。この香椎は「愛」のマレー語のカシーなのだ。

彼女らがいた場所が「カシー院」と呼ばれていたことも、九州各地に今も何カ所も残っている「……院」という当時からの古地名ですぐわかる。

この「カシーイン」という名詞によって、さらに彼女らがその死後に仏または神として崇拝され、その信仰が次第に中国に広がっていったのが「観世音菩薩」信仰であったことも、今ではその発生から拡大まで時代別に詳細にわかっている。

「菩薩」という名詞は、従来はインド語の「ボダイ・サットヴァ」の省略だろうとされてきたが、「菩」の発音は「ホまたはプ」で、意味は穂・豊・日・百など南西諸島を意味する「ホ」であり、「薩」も薩摩の国の「サツ」に一致するのである。

だからこれはやはり地名を並べた名乗りなのであって、「日の薩摩のカシー院姫」という意味なのだ。それは「カシー」のあとに「黄国＝キヤ」をつけて「カシ・キヤ＝黄の国のカシー」姫という推古天皇の名乗りにしたのと同様のものである。

中国では現在も観世音菩薩を「南海古仏」と呼んでいる。これは中国の南の海の国の仏という意味以外には考えられないし、またその南海の観音の聖地を「普陀落《フダラ》」と呼ぶが、これも種子ガ島の古代国名「百済＝ホダラ」を沖縄発音で「フダラ」と発音したものに一致する。

後世に栃木の日光を「二荒（フタラ）山」と呼んだのも同じ信仰に基づいているから、それが日本の南西諸島を指していたことは疑いの余地がない。また菩薩号の使用は後世のもので、卑弥呼当時以前には中国にも記録がない。

そしてその鹿児島県では今も、「観音詣で」のことを「ヒメコさあ＝卑弥呼様」に行くという。「観世音菩薩」とは「卑弥呼」だと、今だに、はっきり伝えているのである。

仏教国の倭を神道国の日本が倒した

この謎はどうして解けたか？　それは中国で当て字された仏号が「カンシーイン」という、ごく近い発音を持っていることが最初の手掛かりになって解け始めた。

「カ」であるべき部分が「カン」になっている点だけが違うが、これも中国の僧たちが外国語に当て字した場合、必ずといっていいくらい常に見られるクセである。

それは、もっともらしく名と文字の双方に深い意味を持たせようとして、「世音（世論や世情）

を観察する」という意味になる「観」の字を、「カ」に対して当てたために、本来の発音とわずかだが違ってしまったのである。

しかしそれが彼女たちをモデルにしていることは、今なお「ヒメコ様」と呼ぶことのほかにも、高麗《コーライ》朝鮮の正史『三国史記《さんごくしき》』の編集最高責任者だった崔致遠《サイチエン》が、九世紀に高麗国の特使として中国を訪れたとき、中国の高官に「ここにはあなたの国の信仰が広がっていますよ」と教わって、案内されていってみると、それがこの観音信仰の「娘々廟《ニャンニャン》」だったので、それは高麗の宗教ではなく日本のものだ、中国の人たちは誤解している、と書き残していることなど、幾つもの動かない証拠が揃っているのである。

ここで最も重要なのは、『日本書紀』編集者が架空の「推古天皇」を作ったとき、その名に用いた名乗りは卑弥呼から七世紀の斉明天皇まで受け継がれたもので、今も「ヒメコ様＝卑弥呼＝観世音菩薩」と呼ばれて信仰されているという事実である。このことは、

①倭国は卑弥呼の宗教を受け継いだ仏教国だったということ。
②その代々の女帝は卑弥呼以来の「愛」の名で呼ばれていたこと。
③その名の「カシー」が観世音菩薩を生みだしたこと。
④その仏教政権・倭国が斉明女帝の死で途絶したこと。

⑤これが倭国から日本国に国号が変わった実態だったこと。
⑥これで初めて神道政権による統一日本国が生まれたこと。
⑦だから、過去の「紀元前から神道国のヤマト政権が奈良に都をもっていた」という考えは間違いだということ。
⑧だから古来、神道が国教で、仏教は七世紀になってから初めて蘇我氏が採用したという過去の説は根本的に間違っていたということ。

これらが事実であることは、当の統一日本国を作りだした勝利者・天智天皇自身が、疑う余地のない証拠を現代まで残している。

なぜ天智天皇は斉明女帝の怨霊を恐れたのか？

天智天皇が滅ぼした斉明女帝は、まぎれもなく卑弥呼の後継者で、観世音菩薩をまつる女性仏教徒の女王だった。文字通り「優婆畏《ウパイ》」で「ウワイ」で「倭」だったのである。

『日本書紀』は反天智の天武天皇が始めた史書だから一言も触れていないが、『日本書紀』に続く正史『続日本紀』には、和銅二年二月の元明天皇詔書に、天智天皇は斉明女帝の供養のために誓願して筑紫に「観世音寺」を建立したとある。

このことも過去の学者の考えのように「単に実母を供養した」というのなら、なにもわざわざ近江の都から遠距離の筑紫などに建てる必要はないし、それでは日常の供養もできない。それに「神道派」の天智天皇が「実母のために」敵の宗派である仏教の寺を建てて、それに「観世音」という名をつけるなど、何もかも不思議きわまることばかりだ。

しかし私たちは、天智天皇が新羅王であり日本王で、斉明女帝の敵であったことを詳細に知っている。女帝が香椎と観世音とどう関わりがあるかも、もう知りつくしている。

『日本書紀』にも明記されている「非業《ひごう》の死を遂げた斉明天皇」の霊の祟りを恐れた天智が、その怨霊の恨みを解き、また旧倭国国民を掌握して君臨するには、神道の信仰も主義主張もかなぐり捨てて、仏教様式で慰霊する以外に方法がなかったこともわかる。

神武天皇が詠んだ「蝦夷」の和歌は七世紀の作品

次は、『記・紀』に記載されている神武天皇と天智天皇との混乱を整理してみよう。重要な手掛かりは、やはりこの「名乗り」である。

『日本書紀』〔神武天皇紀〕即位前三年十月の部分は、歌がいくつも出てくるので有名だが、その最後の歌はその歌が作られた時代を考証するのに非常に役に立ったのである。それはいわゆる万葉ガナで書かれている。わかりやすいように読みと訳を揃えてご覧にいれる。

「愛瀰詩烏、毘攠利、毛々那比苔、比苔破易陪廼毛、多牟伽毘毛勢儒」
「エミシを、ひとり、ももなひと、ひとはいへとも、たむかひもせす」
「蝦夷　を、一人　、百　の　人、人　は言えども、手向かいもせず」

「エミシは大層強くて、一人で百人と戦う、とこれまで言っていたが、聞くと見るとは大違いだ。この戦さでは、大した抵抗もせずに降参したぞ！」
という意味である。

問題はこの「愛瀰詩」を何と読むかだが、古来これに「夷」の字を当てて、エミシまたはエビスと読み、野蛮な敵のことだとしてきた。これまではそう読む以外に、この歌の解釈法がなかったからである。

だが今では、これを「エミシ」と読むと、新しい大問題に発展する。それはすでに完全な結

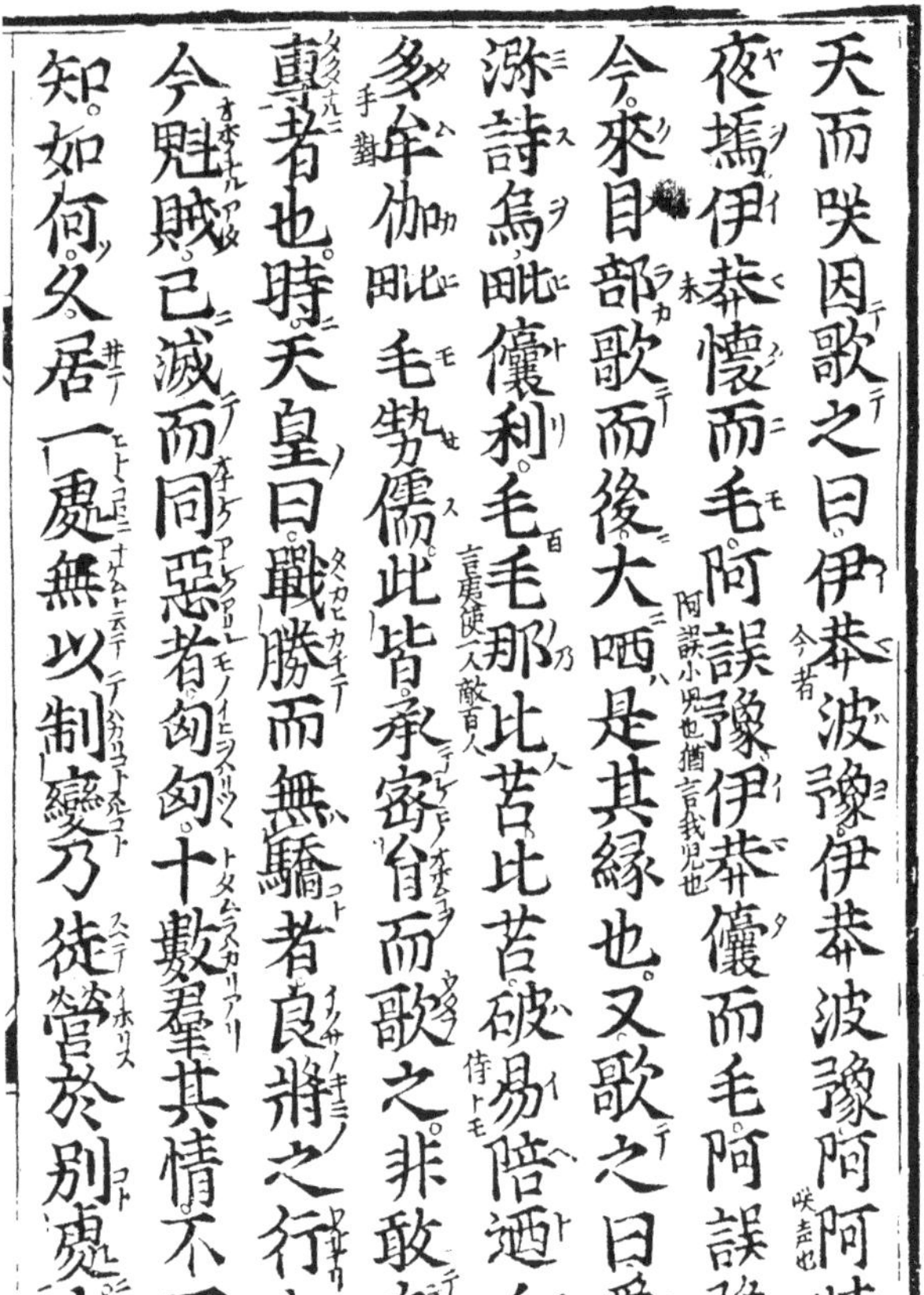
天而咲因歌之曰伊莽波豫伊莽波豫阿阿時
夜焉伊莽懐而毛阿誤豫伊莽儺而毛阿誤豫
今來目部歌而後大哂是其縁也又歌之曰愛
瀰詩烏毗儺利毛毛那比苔比苔破易陪廼毛
多牟伽毗毛勢儒此皆承密旨而歌之非敢自
専者也時天皇曰戰勝而無驕者良將之行也
今魁賊已滅而同惡者匈匈十數羣其情不可
知如何久居一處無以制變乃徙營於別處十

神武天皇作「蝦夷」の和歌　3行目の一番下の「愛」から始まる。こうして神武天皇には確かに天智天皇が混入していることが確認できる。ついでに「アイ」という発音の文字が「エ」と発音されていた事実も再確認してほしい。

論が出ている。エミシは他の当て字で書くと「得目子」で、これは「ウマコ」とも読める。「ウマコ」は蘇我蝦夷の父の馬子などとして、同時代に多数の当て字が登場する名詞だから、それらはすべて当て字の読み変えだとわかっているからである。

日本語に、三世紀より前から、野蛮人をエミシとかエビスとか呼ぶ名詞があったのではなく、それはいわゆる蘇我氏の滅亡以後に、「大国子《ウマコ》」という呼び名から「エミシ」という発音の名詞が派生し、後世にそれが方言化して「エビス」が生まれたのである。

だから、神武天皇記事（それには時代の異なるいくつかの歴史がミックスされている）の中の三世紀の部分（＝垂仁天皇による卑弥呼政権奪取）には、そんな名詞や言葉があるはずがない。とすれば、これは間違いなく七世紀の天智天皇時代に作られた歌なのである。

これが七世紀の歌であるという証拠はまだある。それはこの歌が『万葉集』のものよりも新しい型式、すなわち『和歌』の原則と韻律をきちんと備えていることである。

「エミシはひとり、ももなひと、ひとはいへとも、たむかひもせす」

七　　五　　七　　七　　＝　二十六文字

これが、五、七、五、七、七の型式で構成される三十一文字《みそひともじ》の『和歌』の、初めの五文字が脱落したものであることは、一見してすぐわかる。

蝦夷と書いて「エミシ」と読むことはご存じの通りだが、この歌は蘇我蝦夷こと孝徳天皇が大阪に都していて天智天皇軍に敗れた当時の歌である可能性が一番強い。そこで、この脱落部分を「浪速・大阪・豊日国」などを使って「なみはやの……、おおさかの……、とよしまの……」などで補うと、

「とよしまの、エミシはひとり、ももなひと、ひとはいへとも、たむかいもせす」
「豊日国　の、蝦夷　は一人　、百　の人　、人　は言えども、手向かいもせず」

と完全な本来の和歌に復元する。しかし、豊日国などが入っていては困るから削ったのだ。

さらにこれらの歌には「志良宜（シラギ）歌だ」とか「来目（クマ＝日）歌だ」という説明もついている。

これはどこからみても『和歌』の創始者とされる前新羅王で日人（クマビト）の天智天皇が七世紀に詠んだ歌であって、絶対に一世紀や三世紀のものではない。

日本式の「訓読」発音で読める

またエミシという文字は「蝦夷」と書いてあるから「カイ」という発音で「開」「軽」の発音に一致している。

これは先に説明した通り「軽ノ皇子＝のちの孝徳天皇＝すなわち蘇我蝦夷」だとわかり、「蝦夷」が「エミシ・カイ・カル」と幾とおりにも読める理由も簡単にわかる。「蝦夷」はもともと「カイ」だけに当てた当て字だったのだが、人々はそれが「ウマコ」のものだと知っていたので、それをウマコ・エミシ・カイなどと同じに扱った。そのために漢音では読めない日本式の「訓読」発音で読めることになったのである。

同じようなことは、この当時につけられた奈良の地名などが、漢音では全く発音できないはずの文字を使いながら、「飛鳥＝アスカ・春日＝カスガ・大和＝ヤマト」などと読まれている例があるので、当時がそうした「訓読文化」の発生時代だったこともわかる。

『和歌』の創始者が天智天皇かどうかは、今論じても仕方がないから別として、［天智天皇紀］には次のような三十一文字調の歌が、はっきり記録されている。

「たちばなは、おのがえだえだ、なれれども、たまにぬくとき、おなじおにぬく」

五　七　五　七　七　＝　三十一文字

橘は　己が枝々　実れれども　玉に貫くとき　同じ緒に貫く

これは「種子島の出身者は、様々に分かれて色々な国をつくっているけれど、結局は一つで、得をするのは彼等だけだ」という意味で、「倭国の支配者も、日本＝新羅の天智天皇も、昔そこから出たか、最近そこを出発したかの差はあっても、ともに種子国（タチバ）国（ナ）人だから、敵だった者でも高位を与えたり、褒美《ほうび》をやったりする、損をするのはいつも我々だ」という、先住民系の国民の新政権批判なのである。

この和歌の存在でも「神武＝天智」だと、いっそう確実になる。そうだとすると、その蝦夷を倒した天智が即位した「橿原の宮」は、一体、どこにあったのだろう……。

神武(天智)が即位した橿原《かしわら》は福岡県の香椎《かしわら》倭国

『日本書紀』では長髄彦を倒したのは日本の紀元（皇紀）前三年のことで、神武即位までに三年経っている。現実の天智天皇の場合も、白村江＝枚方《ひらかた》の大阪大戦のあと、即位までに六年かかったことになっている。これらの年月は大混乱しているから、頭から信じてはいけないが、その即位が即座ではなかった事実を反映している。

だから橿原の候補地を大阪付近に求めてみても見つからないし、それは当然のことなのだ。天智天皇の場合、はっきりしていることは、先代の天皇ということになっている斉明天皇が死んだあと、はじめてそのあとを継いだことになるのだから、それは大阪時代ではなく、福岡に舞台が移ったずっとあとのことでなければならない。

『日本書紀』［神武天皇紀］には、橿原の位置を「畝傍《うねび》山の東南の橿原」と、いかにも奈良県橿原市のことのように書いてあるが、天智天皇はあとで大津に都をつくった人物で、奈良にも「畝傍山の東南の橿原」にも一度も行ったことのない元・新羅王である。

この『日本書紀』の「橿原即位記事」は、天武天皇らの発想に従って、太古から奈良に都があったように編集者が工作した一番の「目玉」の部分なのだから、それを信じていた日には、これまでのすべての解明も水の泡になってしまう。

そんな「作文である」とわかり切ったものより、もっと確実で、びっしり証拠で固まった地名が、一番かんじんな場所にある。それが、これまで多角的に十分検討してきた福岡の「香椎」

なのである。

橿のカシは、当時の仏教女王国・倭《うわい》の、信仰立国の基礎だった「カシー＝観世音《カシイ》」であり、原のワラは間違いなく「倭国《ワラ》」である。奈良の橿原市のように単なる寒村ていどのものではなく、天智天皇が斉明天皇を倒して受け継いだ「連邦帝国とその政権と首都」を兼ねて意味していたものの「代名詞」でなければならない。

だからこそ天智天皇は高らかに、その大占領地を式場に選んで、新しく臣民に加えた旧敵国人・倭人らに対する一大デモンストレーションとしての即位式を挙行したのである。

その名はその国の首都だったから「カシー・ワラの都＝観世音倭国の都」と呼ばれていた。その場所は、天智天皇がそれに続いて前皇帝の供養のために観世音寺を建てた筑紫の中にあった。

その前皇帝の死と、供養の必要な因縁と歴史がある土地は、『日本書紀』がはっきり書いている斉明天皇の死んだ福岡以外にはどこにもない。

となればその遺跡は、その観世音寺の現存する太宰府《だざいふ》に隣接して、今も同じ地名を残している「香椎」以外には考えられない。そこには現に「女帝」をまつる「香椎廟」までも厳存しているのである。

念入りに消された「天智による大日本建国」の真相

ではなぜ、その即位がとんでもない古代にもっていかれ、とんでもない奈良県などでの事件にスリ替えられたのであろうか……。

それを知るには『日本書紀』編集に当たって、編集者たちの直面した道義的、政治的ジレンマを見抜けなければならない。

一応、天智と天武の実母ということにした斉明女帝を、息子の天智が殺し、かつ、それではじめて政権を手に入れたとは、単に道義上からだけでなく、将来の皇位の安泰をはかる上からも絶対に書けない。だからそれを連想させる記事は全部切り捨ててしまったのだ。

それがどれほど切実だったかは、善行であり親孝行の鏡であるはずの観世音寺建立のような、普通なら作り話でも天皇記事に加えるようなものまで、『日本書紀』では念には念をいれて、それらしい話も残らないように、きれいさっぱりと切り捨ててある。

それなのに元明天皇は、先にみたように『続日本紀』和銅二年二月の詔書ではじめて、「天智天皇が観世音寺を建てた」と公表に踏み切った。元明女帝も『日本書紀』にそれが掲載されていないことを知っていたからこそ、どうしても天智天皇を誉める必要に迫られて、それを公表したのである。

こうした事情で編集者は、大日本建国は天智天皇の仕事ではなく、飛鳥朝以後の天皇たちの先祖として合成した神武天皇の事跡にスリ替えて、自政権の正統性を主張したのである。

なぜ『日本書紀』はありのままの史実を書けなかったのか？

こうしたことであなたは『日本書紀』が、様々な政治的制約に阻まれて、史実を自然にそのまま記録した史書ではなかったことが、よくおわかりになったと思う。なぜそんなことになったのか、その理由をわかりやすく箇条書きにしてみよう。

①それまで小国日本と新羅の王「白日別《ヒラチビチ》」だった天智天皇は、六六一年に五彩圏連邦の首長国・当時大阪にあった百済倭国《フジワラ》を滅ぼした。これがいわゆる「大化改新」の真相である。

②だが天武以後の『日本書紀』編集時には、もう天智天皇の征服結果は御破算になっていた。

彼が始めた大津政権は滅びて、天武天皇の飛鳥政権になっていた。だから『日本書紀』の編集者たちからみれば、彼・天智は「敵」だった。

③しかし史実は史実である。ことに凄絶を極めた枚方大戦は人々の記憶に新しい。

④だからこれを書かなければどういうことになるか。国民はもちろん、朝鮮や中国などにも『日本書紀』は歴史書としての信用を失ってしまう。

⑤また倭国滅亡後の「大日本国」という立場からみれば、その天智による紀元六六一年の政権奪取が「建国」なのだから、その記念すべき大歴史を除外するわけにはいかない。

一三二〇年もさかのぼって設定した日本の建国年

⑥では、どうすればこの「建国の大事件」を『日本書紀』に入れることができるか？
入れるとすれば古代小国日本の建国の歴史ということにすれば、大日本国の歴史は非常に

古いことになるし、また彼らからみて現代に起こった事件（七世紀の枚方大戦による倭国滅亡）も時代の違いさえ我慢すれば、一応、事跡の記録はできるから、その記念すべき大勝利も記録に入り、すべてがうまくいく。

⑦その間に生じる大きな時間的へだたりも、それは国の歴史がそれだけ古く偉大だということで御破算にできる問題だし、また永続した歴史をもつということになれば、世界にも類のない権威ある政権ということで、外国のあなどりを防ぎ、信頼性を高めることになる。この利害を計算すれば、時代の間違いなど問題にもならない。

⑧そこで、その実行方法として、三世紀の卑弥呼戦争などと混合して［神武天皇紀］を仕立て上げた。これが七世紀の頭脳がしぼり出した結論なのである。

⑨次に本当は白肩（枚方）の津の事件だった白村江の戦いも、神武時代と天智時代とに二分して、七世紀のほうは、いかにも朝鮮半島での出来事にみえるように構成してしまった。

⑩そして天智＝神武東征の時期は紀元後六六一年をひっくり返して、同じ辛酉の紀元前六六〇年の出来事にした。何と、一三二〇年もサバを読んでしまったのである！

しかしこうしたことは珍しいことではない。当時のことを歴史化した朝鮮の『三国史記』に登場する国々の建国もまた、すべてが、はるか太古に押し上げられて神話化されている。この朝鮮の正史は、先に中国で観世音菩薩の話を聞かされた高麗の崔致遠が主になって九世紀にまとめたものなのだが、日本人と同じ血の流れた朝鮮半島の人々も、やはり先祖の事跡をなるべく古い時代にもっていこうとするクセをもっていた。

これで大阪大戦の秘密は「名乗り」によって解けた。『日向神話』や「神武東征」の真相もくっきりと明らかになった。そして『日本書紀』がどんなふうに構成されたかという秘密も垣間見せてくれた。一三二〇年もサバを読んだ「大日本建国」に至るまで……。

【第三章】

その後、卑弥呼政権はどこへ移動したのか

神武天皇の兄の名乗りに隠された真実

これで『日本書紀』が史実を操作して七世紀の事件でも紀元前にもっていったり、天智天皇の事跡を神武天皇の事跡にスリ替えたりしている事実と、その理由が、よくおわかりいただけたと思う。だから先にみた長髄彦一族と孝徳天皇一族の系譜がぴったり一致したのは当然だった。それはもともと同じものだったのである。

［神武天皇紀」のほうは、これで一応、実態がわかった。では謎の『天孫降臨』はどんなふうに構成されたのであろう……。それを知るには主人公のニニギのミコトと天智天皇との双方の妻である「木花開耶姫の名乗り」がキーになることは間違いない。

ところが彼女の名乗りを中心に調べてみると、神武天皇の兄にも、これと名乗りが共通する人がいる。「三毛入野命《ミケイリノ》」だ。これは何を意味しているのだろうか?

この名は一見無関係に見えるが、それは方言の違いに気づかないからにすぎない。「木ノ」は方言の特徴によって様々に変化する。七世紀の大化・大阪戦争があった現地の枚方地方では、それがどんな発音になるかということからまずお話ししよう。

枚方地方の言葉「河内弁」では「キツネ・ウドン」を「ケツネ・ウロン」と発音する。キを「ケ」、ドを「ロ」と発音するのが特徴である。

だから「キノ」は「ケノ」になる。これを「毛野」と書くと沖縄語では「キヌ・チヌ」になる。三毛入野の「毛入野」は「入」の字が一字多いが、「入」がはいった地名を捜しても見つからない。これは、河内弁の特徴である「毛をケイと発音するクセ」を、そのまま「毛入《ケイ》」と当て字したものという結論になる。

「三《ミ》」は開耶姫の別名の一つ「三《ミ》炊屋姫」の三《ミ》で、「豊御食《ミケ》炊屋姫＝推古天皇」の「御《ミ》」の字でもある。なぜなら「御食の」もまた「ミケノ」と発音するからだ。この字は「ミクイ」と発音するほうが自然なのだが、その「食《くい》」を過去の日本の史学界では、「ケ」と発音してきた。その理由は古語では「ケ」と読むしかないからである。

では古代にはなぜ「クイ」が「ケ」と発音されたのだろう？

現代でも同じ発音をする鹿児島語では、すべての言葉が短く発音されるから「食え」は「ケ」と聞こえる。だから日本の古語は明らかに鹿児島語だったのである。日本でこんなふうに短く発音する方言は、調べてみるとすべて古代の鹿児島語の生き残り、または、古代の歴史の強い影響の遺物だったことが証明されている。それらは皆、書かれていない真実の古代史を記録していたのであって、『言語文化財』として、大切に保存する必要がある。

さらに別の角度から見ると、孝徳天皇は鹿児島語では「軽＝カイ＝蝦夷」という別名をもっているが、この名を含めて標準語で「カイ」と発音するものは、鹿児島語では「ケ」になる。「貝・買い・界・…かい？」などである。これが面白いので私は、「買い・に」と活用すると「ケ・ケ」になり、「来い」もまた「ケ」という。これが面白いので私は、鹿児島語の特性をわかりやすく印象づけるために、南日本新聞社刊の『鹿児島方言小辞典』では「貝・買い・に・来い＝ケ・ケ・ケ・ケ」という順に並べておいた。するとテレビのクイズになったりして効果はてきめんだった。

実はこの鹿児島語は、今も日常の日本語の中にたくさん根をおろしている。たとえば「世《せ》間《けん》」という言葉だが、文字通りに読めば「世《よ》のあいだ」という奇妙な意味しかない。実はこれも鹿児島語の「世界の」という言葉なのである。今お話しした「界＝ケ」を考えに入れると「世界＝セケ」「の＝ン」で「セケン」。「世間」はそれに対する当て字なのだ。

金髪の卑弥呼は大隅（烏孫＝ウースン）人

この「カイ」を「ケ」と発音する言語は、鹿児島独特のものなのであろうか？

実はそれは中国南部の言葉の一つ、呉の発音なのである。あなたは仏教の用語が、私たちが普通に使う発音とずいぶん違っていることにお気づきになっていらっしゃると思う。

「カイ」の発音をもつ例を挙げてみると、「快楽」は普通なら「カイラク」と読むが、仏門では「ケラク」または「ケナク」と読むのである。カイがケに変わっていて鹿児島語と同じであることがおわかりになったと思う。

これは一体、なぜなのだろう？　鹿児島の人の姓の中には中国の地名をそのまま名乗っている人がいる。「江夏」は鹿児島ではエナツではなく「コウカ」と中国式に発音する。また文字は中国のままで、発音を日本式に変えたものもある。「汾陽＝フンヨウ」は中国山西省にある地名だが、これは「カワナミ」と読むように変えてある。「頴川＝エイセン」もやはり中国の地名だが、これも「エガワ」と読む。いちいち挙げているわけにいかないが、少なくとも二五以上ある。

これは不思議でもなんでもない。鹿児島県の東半分は「大隅」であることは常識だが、これは現地の発音では「ウースン」である。中国で「ウースン」というのは、上海の隣りにある楊子江に面した港「呉淞《ウースン》」だが、これも当て字で、本来は「呉孫《ウースン》」すなわち『三国志』の呉の皇帝・孫権《スンキン》一族からきた地名で、そのウースンは、彼らの集団が元は揚子江《ヨウスコウ》を下だってきた「烏孫（ウソン＝ウースン）人」だという「名乗り」からきている。

この烏孫人はギリシャ系の地中海人で、金髪の人も混じっていた。私が卑弥呼は金髪だったと突きとめたのは、こうした人々の歴史をバビロン、シュメール時代までさかのぼって明らかにしたからである。

また大隅はソ＝襲の国で、呉もまたソ＝蘇州と呼ばれることも証拠の一つである。

倭国政権は、東遷した卑弥呼政権

これで「カイ＝ケ」の関係が、言語と史実の両面から、なぜそれが鹿児島語になっているか、おわかりいただけたと思う。

そしてその卑弥呼らのソナカ政権が次第に東へ移動していった究極が、大阪にあった五彩圏連邦の中心地、「黄＝木」の国であった。そこに君臨していたのは、やはり女帝の優婆畏《ウバイ》ウワイ＝倭）であったからこそ、国名として倭国と呼ばれていたのである。

すると一を聞いて十を知るあなたは、もうすでにお気づきの通り、その名乗りに使われた「毛・木・茅沼《チヌ》・乳《チ》」などは皆、この「ケ＝カイ」の法則によって、「蝦夷＝カイ」でもあったことおわかりだと思う。それらの名乗りはすべて「蘇我蝦夷」のあの「蝦夷」と同じものだったのである。だから蝦夷は、いい加減につけられたアダ名のようなものではなく、根拠のある名で、ただ卑《いや》しめるために選ばれた悪い意味の当て字だということになる。当然、「蘇我」も「ソナカ」への当て字の一つだったのである。

前にその「カイ」が孝徳天皇の名乗り・軽の皇子の「軽」と同じものだとお話ししておいたが、こんなふうにこれらの名乗りは、切り口をどこに求めても答えは完全に一致する。これはその答えが正しく、真実であるという証拠なのである。

そしてそのキメ手は、どれを取っても、どうしても、鹿児島の言葉の独特の発音に一致することである。これも孝徳天皇も推古天皇も木花開耶姫も天智天皇も神武天皇も天武天皇も、すべて鹿児島語を話していた人々だったことを証明しているのである。

日本の建国史も、日本人のルーツも、ご覧の通り、この鹿児島語や沖縄語や河内弁といった「言語による復元」をしない限り、少しも解けるものではないことが、これでよくおわかりいただけたと思う。

そしてそれは、ここまできて、これまでとは違った急展開を見せはじめた。それはこれまで神武天皇の兄と思われてきた三毛入野のミコトもまた、孝徳＝蝦夷と同一人物だった可能性が見つかったからである。もしそれが事実なら、東征成功の直前に謎の失踪を遂げたことになっているこの兄ミコトは、実の兄弟ではない場合でも、同じ鹿児島出身である。だとすれば孝徳＝饒速日のミコトの正体がいっそう鮮明に浮かび上がるからだ。

ニニギの命が徹底的な新羅嫌いだった理由

どんなふうに浮かんでくるか？　それは鹿児島県にある霧島神宮の、世にも不思議な伝承を知ると一層、鮮かになるのである。

普通「神宮に仕える神官」と聞くと、反射的に頭に浮かぶその姿は、まず一〇人が一〇人、白い「ひたたれ」を着たスタイルを思い描くはずである。だがこの霧島神宮はそうではない。この神宮の祭神は徹底的に「白を嫌う」のである。だから衣服はもちろん、神殿も、鳥居も、一切が白くない。従来、大きい神社にはたいていいた「白い神馬」「白い鶏」も絶対に飼わない。

この徹底した「白嫌い」はなぜか？　この神宮の祭神は『天孫降臨』の「ニニギのミコト」である。天照大神から神鏡をさずかって「天」から天降《あまくだ》ったことになっている当人だ。

『記・紀』の文章では、彼は「日向」に天降ったのだから、そこは鹿児島で、新羅の発祥地でもある。そして五彩圏連邦は五色で象徴された国名でできていた。「白＝新羅」である。王としての彼が憎むのは、白い色ではなく新羅という国以外にはない。

そしてそこに君臨したのだから、新羅王でもあったはずである。それなのになぜそんなに「新羅嫌い」なのだろう。まるで逆ではないか。

ここで確認しておいていただきたいのは、新羅は三世紀の『三国志魏志東夷伝《ギシトウイ》』にも出てこない後世に生まれた国だということである。四二一年のことから書き始めてある『宋書《ソウ》』にはじめて出てくるから五世紀ごろの国なのだ。

仮にニニギのミコトが紀元前の神話時代の人なら、当時は絶対に存在しなかった新羅を、どうして憎んだり、嫌ったりすることがあるだろう？　ないものは憎んだり嫌ったりする対象になりようがない。

新羅嫌いになる人物は、当然、五世紀以後の人物である。これもまた「ニニギのミコトは神話時代の人ではない」という決定的な証拠なのである。

新羅嫌いが不思議で謎にみえるのは、このミコトの話を紀元前の古い「神話」だと思いこんでいたからで、それは神話ではなく、後世の史実が古代へ押し上げられているのだとわかった今では、後世の正確な時代の歴史の中で「新羅嫌い」の原因を捜せばいい。

意外な真実を伝える神社の伝承

神社は祭神のことを最もよく知っている伝承者である。それは天智天皇と木花開耶姫が夫婦だという『記・紀』には書いてない真実を物語ったことでも証明されている。

するとこの新羅嫌いの人物は、直接、新羅王・金春秋《はるあき》＝天智天皇にひどい目にあわされた蘇我蝦夷こと「ニギ速日のミコト」以外にないことがわかる。すると話は簡単になる。この一見、二人に見えた人物「ニニギのミコト」と「ニギ速日のミコト」とは、実に大きな共通点をいくつももっているからである。

まず第一は、どちらも同じ「木花開耶姫の夫」なのだ。第二に、名乗りを比べてみると、一人は「ニニギのミコト」、もう一人は「ニギ速日のミコト」である。双方とも「ニギ」という同じ発音の入った名乗りをもっている。

だがこれは記録にある本当の名乗りをごく短くしたものである。正しく結論を出すためには、ぜひフルネームを比較してみなければならない。それは『日本書紀』にも『古事記』にも『先代旧事本紀《くじほんぎ》』にも載っているが、どれも漢字をいっぱい並べた、見ただけでゾッとするようなものである。念のために原文通りに挙げて、確実な答えを見つけだしていくようにしよう。

同じ両親と同じ妻をもった二人

ニニギのミコトは『日本書紀』の［神代下］の［一書］の一つに、天饒《にぎ》石・国饒石・天津彦・火《ホ》・瓊瓊《ニニ》杵《キ》・命という名乗りが出てくる。

これは『先代旧事本紀』巻第六［皇孫本紀］（「または天孫本紀ともいう」と標題の下に書きこみがある）に、彦の字が「彦彦」とダブっている以外、これと全く同じ名乗りが出ており、『古事記』もこれを採用して、万葉ガナに直して「天邇《にき》岐志・国邇岐志・天津日高日子《ヒコヒコ》・番《ホ》・能・邇邇《ニニ》芸《ギ》・命」と書いている。

ニギ速日のミコトのほうは『日本書紀』［神武天皇・即位前記・戊午・十二年］の部分に櫛玉・饒速日・命と出ているが、やはり『先代旧事本紀』巻第五［天孫本紀］がいちばん詳しく、「天照・国照・彦・天・火明・櫛玉・饒速日・命」のほかにこれを省略した別名を並べているが、最後に「膽《たん》・杵・磯・丹《たん》・杵・穂・命」という別名をあげている。そして彼は天照大神の子・天押穂耳のミコトが「豊秋幡《はた》・豊秋津・師姫・栲《たく》幡・千々姫」を妻にして生んだ子だというが、この両親は、ニニギのミコトと全く同じなのである。だからこのニニギとニギ速日は、別人だとみても兄弟であることは間違いのない関係にある。

これで「まさか『天孫降臨』の主人公と、七世紀の蘇我蝦夷が、同時存在だなどと考えられるか……」という反論は成り立たなくなってしまった。記録の『原典』そのものに「ニギ速日のミコトとニニギのミコトとは兄弟だ」と明記してあるのだから、それを否定するには、それを覆す力をもった、より正確と認められる別の記録が必要だが、そんなものはどこにもないからである。

私たちはすでに、ニギ速日が七世紀の誰だったかも、その妻が木花開耶姫であったことも確認している。その姫は『記・紀』ともにニニギのミコトのお后《きさき》であると書いている。ニニギとニギ速日は同じ女性の夫であり、同じ両親を持っている。

櫛玉饒速日《クシタマニギハヤヒ》の「櫛玉」は京都府の古代国名

「名乗り」は「その人物のもつ領地を羅列したもの」だから、それによってその人物がどこに住んでいたか……。どの程度の領地（地位）をもっていたか……。またその地名、国名が使われていた「時代」を割出すことなどもできるから、それによってその人物が活躍した「正確な時代」まで知ることができる。

まずニギ速日の名にそれを応用してみよう。

「櫛玉饒速日」という名乗りの「櫛玉」をみると、似た名乗りに「豊玉姫」があるが、それは「豊丹《ホタマ》国」で「ホタマ」＝ホのタニ国＝日《ホ》の種子《タニ》国で、種子ガ島の古称である。

だから「櫛」は「串」で、三世紀の「狗奴国＝ク之《シ》国＝クシ国＝熊毛郡」やその移動コースの串間（宮崎県）のことであり、七世紀の大化大戦当時は、京都府の久世（沖縄発音＝クシ）郡まで倭国の移動とともに移ってきていた。

「玉＝丹国」、これも後の「丹国《マ》（タン馬＝タンバ＝丹波」で、やはり京都府である。この名乗りは、一見、狗奴国と丹国（種子島）とを名乗りにしているようにみえるが、三世紀の『魏志倭人伝』当時であれば、種子島は狗奴国そのもので、櫛か玉か、どちらか一つでないといけない。だから二つの国名を重ねて書いているということは、もとの種子島時代のものではなく、後世に分裂した久世と丹波を、「二つの国」として、分けて領有していた時代のものだ、ということになるのである。

「河内の白庭山に天降った」ニギ速日

このことは、その名乗りが、「神代」のものではないという証拠になる。ニギ速日は京都府を領土の中にもっていた人物、それも近畿に都が移った時代の人物だったことが、こうして名乗りで、はっきり割り出せるからである。

それは別の伝承でも食い違わずに明瞭に証明される。

それは彼が、「河内の白庭山に天降だって、イカルガ峰に移った」という「歴史」を背負った人物だからである。そして彼にはこれ以外の土地へ行ったという経歴はない。

この河内の「白×」という地名には、「神武天皇紀」に出てくる「白肩《しらかた》」があり、それが今の大阪府枚方《ひらかた》市であることに異論を唱えた学者は、過去現在とも一人も存在しない。

その枚方は今の行政区画でも京都府と、それも久世郡と隣接してこの正しさを証明している。この「櫛玉」は一見、京都府の南北両端にだけ領地があったようにみえるが、そうではなくて、南は久世から北は丹波までの全域を領有していたという名乗りなのである。だからこの「櫛玉」は当時の京都府全域の国名だったとみて間違いない。

ニニギとニギ速日は兄弟か同一人か

これでその領地の中の主な部分が、今の京都府だったことがわかった。その久世郡は山代《しろ》の国と呼ばれた土地で、この山代は「ヤマダイ」とも読める。ニギ速日こと蘇我蝦夷はソナカ一族だから、間違いなく卑弥呼政権の子孫で、この国名とも深い因縁がある。彼の領地に京都府が入っていたことは確実で、その名乗りは信頼できるものである。

次はニニギとニギ速日は兄弟か、同一人か、という問題に結論を出そう。

同じ両親をもっているのは、兄弟か同一人かのどちらかである。ところが同じ妻をもっているとなると、どちらかが死んだので兄弟が引きとって妻にするという場合もあるが、それならそれが記録に入っていなければならない。ところがそれがない。とすれば、兄弟で一人の妻を共有するということは絶対にないから、答えは「同一人」だけしかない。

しかしまだ同一人と断定せずにその行動の歴史を調べてみよう。それが全然、別のものであったら、別人である可能性が残るからである。ニニギのミコトはもうなんども確認したように「天から天降った天孫」として知られている。ニギ速日もまた同じような歴史をもっているのである。

さきに名を調べた『先代旧事本紀』の巻第五［天孫本紀］の第二ページにこう書いてある。「天照太神、高皇産霊尊《みむすび》、相共所生、故謂天孫、亦称皇孫…（天照大神とタカミムスビのミコトとが一緒になって生んだので、天孫とか皇孫とかいうのだ）」。そしてそれに続けて「天祖以天璽瑞宝《てんじすいほう》十種、授饒速日尊、則此尊禀天神御祖詔、乗天磐船《いわふね》而天降、坐於河内国河上哮《いかる》峯、則遷坐於大倭国鳥見《とみ》白庭山、天降之儀明天神紀…（天祖、天璽瑞宝十種をニギ速日のミコトに授ける。すなわちこのミコト、天神御祖のミコトノリをうけて、天の磐船に乗って天降り、河内の国の河上のイカルガの峯に住い、のち移って大倭国の鳥見・白庭山においでになる。その天降りの儀は、『天神紀』に明記してある……）」。

ご覧の通り、彼もまた「天降り」の主人公なのである。

その『天神紀』というのは、『先代旧事本紀』巻第三［天神本紀］のことである。それにはまずニギ速日の天降りが詳しく書かれていて、ニニギは、はるか後ろのほうに出てくる。

それをみるとニギ速日は「三炊屋姫」と結婚して、子供のウマシマジがまだ生まれない前に死んでしまう。そこでいろいろあって、あとでもう一度、ニニギが天降ったのだと書いてある。二人の関係は兄弟で、ニギ速日が兄だとも書いてある。

これを『神話』だとみている分には、これでも結構というしかないが、私たちはニギ速日が七世紀の実在人物であったことを知っている。こちらの方は孝徳天皇をみても、蘇我蝦夷をみても兄弟がいたという記録がない。

また兄の死後、ずいぶん経ってから天降って、はじめて出会った木花開耶姫と結婚したことになっているニニギの話なら、姫はニギ速日を知らないはずだが、七世紀の現実のほうは、姫はニギ速日の妻であって、ニニギを全然、知らない。

またウマシマジが生まれる前に死んだとあるが、『記・紀』の［神武東征］ではどちらもウマシマジと共に生きていて、一緒に降参している。それにもまして、現実の蘇我蝦夷が死んだのは、『日本書紀』の記事を度外視して、どんなに早く見積ったとしてみても、天智天皇と戦って敗れた後以外ではありえない。

これだけみても、兄弟が同じことを二度、繰り返したというのは間違いで、話がこじれたのを辻つまを合わせるために、兄弟が、二度、天降ったことにしてしまった跡が歴然としている。それを見極めてニニギとニギ速日が同一人物だと割り切ると、すべての謎と食い違いがスッキリなくなって、真実の歴史としてストレートに受け入れられるものになる。これはどうみても二人にはならない。真相はニニギとニギ速日は同一人物だったのである。

そしてそれでこそ、霧島神宮のニニギのミコトが徹底的に新羅を嫌う理由がわかるのである。彼が「ニギ速日」本人でなければ、そんなにまで新羅を嫌い憎む理由がない。

なんと、日本人のご先祖様とされてきたニニギのミコトが、初代神武天皇の敵の王であり、敗北者のニギ速日のミコトその人だったのだ。

二つの「天降り」記事のどちらが正しいのか?

だがこうしてニギ速日＝ニニギのミコトが七世紀の実在人物だったと決まると、あの『天孫降臨』とは、一体なんだったのだろう?

まず、ニギ速日とニニギのミコトとの二つの「天降り」をもう少し詳しく比較することから始めてみよう。

ニニギのミコトのほうは『日本書紀』だけで「一書」が七種類あって少しずつ違っているから、本文を中心に「一書」の新情報を追加して参考にしよう。

『日本書紀』巻の第二［神代・下］天孫降臨の本文

「その時、高皇産霊の尊、皇孫・天津彦彦火の瓊瓊《ニニ》杵《キ》の尊を、真床追衾《おうぶすま》で覆って降らせた。

皇孫すなわち天の磐座《いわくら》を離れ、天の八重雲をおし分け、稜威《いつ》の道を別け別けて、日向の襲の高千穂の峯に天降った。それから皇孫は、槵日《くしほ》の二上の天の浮橋から、浮渚《ふと》の立つ平らなところにある膂宍《そしし》の空国《からくに》をもとめて頓丘《ひた》を進んで行くと、吾田《あた》の長屋の笠狭《かささ》の碕に到着した」

まるで何のことかわからない部分があるが、それは次の「一書」が謎を解く。

『日本書紀』巻の第二［神代・下］『天孫降臨』の別伝・「一書の四」

「（略）……天の八重雲をおし分けて、これを降し奉る。その時、大伴連《おおとも》の遠祖・天の忍日《おしほ》の命、来目《くま》部の遠祖・天の槵津《くしつ》大来目《くま》をひきいて、天の磐靫《いわゆき》を背負い、臂《ひじ》に稜威《いつ》の高鞆《たかとも》をつけ、手には天の…弓…矢…をもち…（略）」

この二つを比べてみると「天の磐座《くら》」と「天の磐靫《ゆき》」、「稜威の道」と「稜威の高鞆《とも》」と、双方に同じ名詞があるが、その内容が違っていることがわかる。だから「天の磐…」と書いてあっても、それはどちらが正しいのか、どちらの記事が不正確なのかわからない。

これはもとは一つのものが、翻訳者が変わると解釈が変わって、こんなことになったのだから、ニギ速日とニニギのミコトの記事を比べるときも、違いに目を奪われては答えは見つからない。共通点を重ねて、初めて真相がわかるのである。だから次は、以上の二つと前に見たニギ速日の記事とを比べてみよう。

『天孫降臨』の原型は逃亡コース

『先代旧事本紀』〔天孫本紀〕「この尊、天神御祖の詔をおうけして、天の磐船に乗り、河内の国の河上の、哮《イカル》ガ峯に住まわれ、さらに遷《うつ》って大倭国の鳥見の白庭の山に住まわれた」。

ここでは「天の磐…」は「天の磐船」という名の「船」になっている。

ニギ速日は枚方戦争で敗れたとき、どうしたのであろうか？ 地図を見ると、その枚方から奈良へ入る「磐船街道」というのがある。だから天から「磐船に乗って」という非現実的な表現を、七世紀の史実として「磐船を通って」に変えてみると、彼は敗戦後、どうやら奈良へ逃げこんだらしいことが浮かび上がってくる。

そうなると次の「河内の国の河上の、哮《イカル》ガ峯」も現実味を帯びてくる。枚方は河内の国で、その磐船街道を進んで交野《かたの》川沿いに「川上」の山地に入ると、すぐ左に「磐船神社」があり、約一キロメートルで奈良県に入る。奈良は八世紀の「大倭国」である。そしてあと約七キロで生駒市「富雄」に出る。これは「鳥見《とみ》王＝豊日王」と一致する。そこからさらに約七キロのところに「斑鳩《イカルガ》」がある。これは「哮《イカル》ガ峯」の「イカルガ」と一致している。

これをニギ速日が逃げたコースだとみると、明瞭に謎が解ける。斑鳩《いかるが》は山地にあるから「峯《ほう》」と書かれてもおかしくないが、これを同じ発音の「豊《ほう》」または「豊日《ホホ》」への変え字だと見ると「哮ガ峯」の原型は「斑鳩・豊」を「イカルガ・ホー」と発音したものだったことになる。

あとには「白庭」しか残らないが、これも斑鳩にある古墳で有名な「藤の木」という地名を考えると、「藤＝フジ」は百済《ホゼイ》の沖縄読み「フジ」に一致するから、「白《ハク》」は百《ハク》、「庭《てい》」は「デイ」と読むと「済＝ゼイ」の関西訛りへの当て字になる。

これは、百済倭国が斑鳩に移転したということを、敗北者には、そのまま百済と書けないので「白庭《はくてい》」と暗号化して書き残したとみるのが一番妥当である。またこれを「白＝シラ＝ヒラ」と読んでも同じ地域になる。これは斑鳩の隣りは「平群《へぐり》」で、これは「ヒラグン」と読めるからである。これは「日羅《ヒラ》国」で、日を「ホ」と発音すれば、百や豊と同じになる。これも「豊《ホ》日の国」を勝者の日本政権に気兼ねして、字を変えたもので、もとは「日ホ奴ダ羅ラ＝国」であり、ホをフと発音する沖縄～大隅語では「フダラ」で、結局は百済と同じ地名だったのである。これは中国で後世に「普陀落」と当て字して、観世音菩薩の住んでいるところだとした地名で、『日本書紀』が記録した「百済仏教」とは何だったかを物語っている。

【第四章】

倭国の首都の所在と盛衰をたどる

そのとき斑鳩に移ったのは聖徳太子だった

ニギ速日の『天孫降臨』は、普通にいえば逃亡、よくいえば「奈良への遷都」の記録だった。こう断定するのには、ほかにもっと強力な根拠があるからである。『日本書紀』が、その「斑鳩《いかるが》」に倭国政権があったことを、別の部分に明記しているからだ。

『日本書紀』の記事が、時代が混乱して、様々なものが混じりあっていることは、すでによくご存じのことだから、次の話にも驚かれることはないと思うが、その斑鳩の宮に遷都したのは、ほかでもない聖徳太子だと書いてある。

『日本書紀』［推古天皇九年］の部分に「春二月、皇太子、初めて宮室《みや》を斑鳩に興こす」と記録してある。いうまでもなく推古天皇の皇太子は聖徳太子である。

この「初めて宮室を…興こす」という言葉の意味は、「史上初めて斑鳩（奈良県）に都を置いた」ということで、その次にある同年五月の記事には、推古天皇が「耳梨《みみなし》の行宮《かりみや》（仮の宮）」にいると書いてある。なぜ、天皇たちは、そんな不便な暮しをしていたのか……。

それは前の年の八年の記事を読むとわかる。

「八年春二月、新羅と任那とが、互いに攻め始めた。天皇は任那を助けたいと思い、大将軍を任命して新羅を攻めて五つの城を落としたので、新羅王は白旗をかかげて降参した。そして新羅、任那両国が、平和と、毎年貢《みつ》ぎものを持ってくることとを誓ったので、将軍を帰還させたところが、新羅は誓いにそむいてまた任那を攻めた」と書いてある。

それが新羅王・金春秋《はるあき》＝天智天皇の大阪大戦だったのである。それは白肩の津の戦いとして［神武天皇紀］に入れられているが、その時の太子が「ウマシマジ＝馬子・馬子＝ウマコ＝厩戸＝聖徳太子」で、その母が「三炊屋姫＝豊御食炊屋姫＝推古天皇」だったことはすでにご存じの通りである。この［推古紀］の記事が、三炊屋姫の夫・ニギ速日の大阪大戦の敗戦時のものだということは、どの視点からみてもよく理解できる。

「白村江」と「後方羊蹄」は枚方

その大阪大戦は、過去には「白村江の戦い」として朝鮮半島での事件だと錯覚されていた。（『日本書紀』編集者が、大阪大戦を太古の「神武紀」へ移した以上、大阪の百済本国の事件だとは書けないので、半島の「小百済」での事件にスリ替えたからである。）それがなぜ、［神武天皇

紀」にある「白肩津の戦い」と同じものかというのは、次のように、

白　村　江

白　肩　津

と並べてみると、江と津は書き変えているだけでどちらも入江のことである。すると違いは村と肩だけである。この白（シラ）は新羅軍が占領したのだから「新羅」のこと。するとその入江が戦後「新羅潟《かた》」と呼ばれたから、「白肩の津」という当て字が残ったのであり、村名としては「白村」と呼ばれていたから、「白村の江」という呼名があっても当然である。

一方、朝鮮半島にはこんなにはっきりした地名はどこにも見当たらない。

この地名が大阪府の枚方のものだという点については、もう一つ別の有力な記録がある。それはその大戦と全く同時に、阿倍比羅夫が蝦夷征伐にでかけて、それを討ち破ったあと、政所《まんどころ》（＝行政府）をおいた土地の名として出ている「後方羊蹄」である。

これは学校では長いあいだ「シリベシ」と読むと教えてきた。それは今、北海道に九郡をもつ後志《しりべし》支庁があり、羊蹄山という山もあるからで、蝦夷征伐というのは北海道のアイヌ人との戦争だと、思いこんでいたことがわかる。

だが北海道のごく一部分が日本領になったのは江戸時代で、羊蹄山の名も逆にこの『日本書

天孫降臨（大阪大戦）関連地図

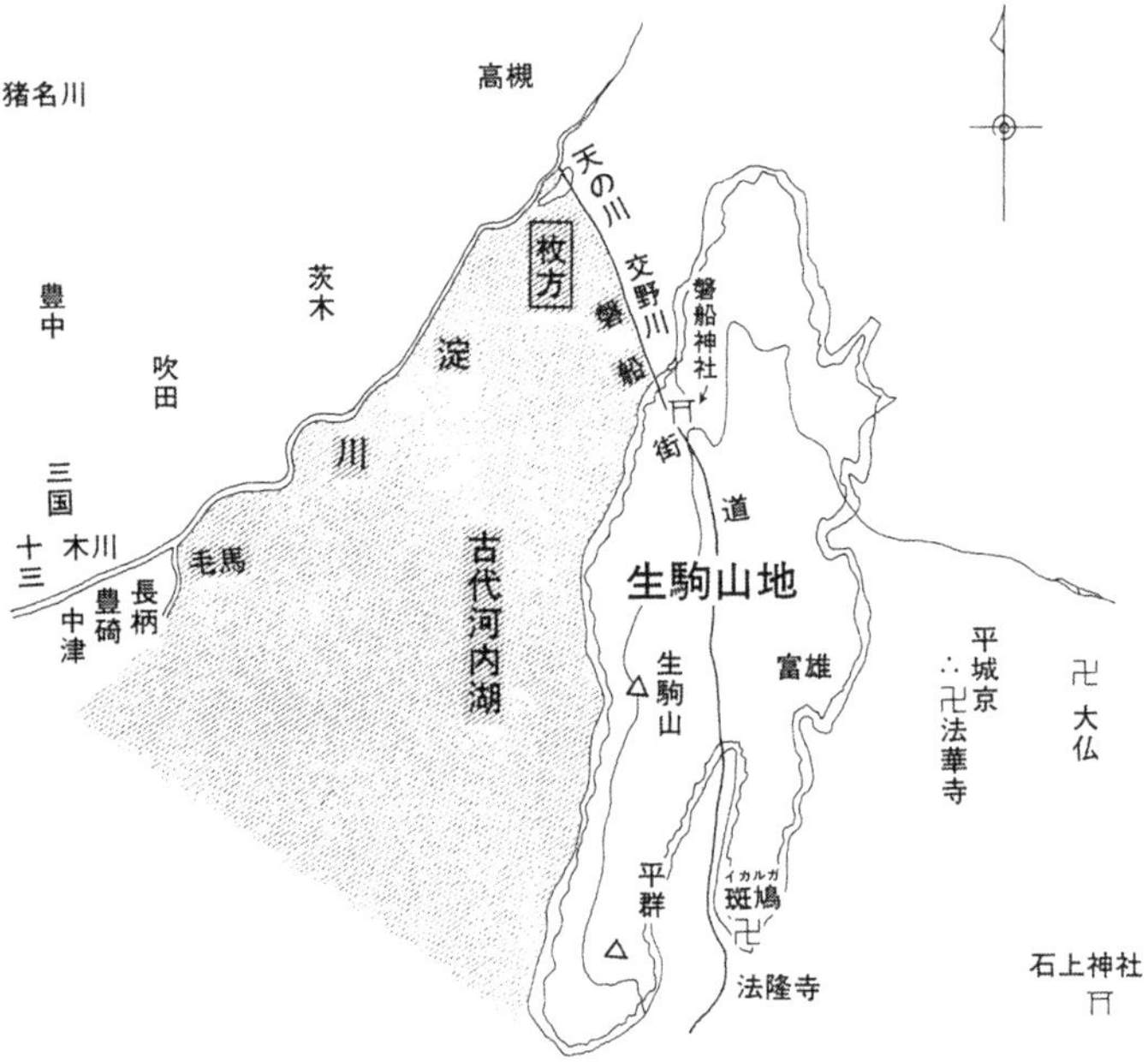

枚方・交野・磐船　この付近の地名には多くの歴史が遺されている。枚＝白。方・片＝肩＝阿多＋交野＝カイノ＝鹿葦津（媛）＝甲斐田＝桜町＝木花開耶姫。渚＝ナギサ・タケ・ウガヤ・フキアエズ尊＝神武天皇の父。また次はみな当時ここに皇居があった遺物の地名だ。御殿山。中宮＝女王のこと。田宮＝天宮＝仏殿。上野＝上屋＝倭家＝役所。禁野＝皇室ご用地。市街の中心地＝岡・本町、周囲には方角のついた岡◯町があって、古代には全体が「岡本の宮」だったことを教えている。

紀』の記事によって、近世になってから名付けたのだから何の証拠にもならない。

さて阿倍比羅夫の蝦夷征伐だが、いかに野蛮な昔でも、祖国が今にも滅亡するかという大戦の最中に、攻めても何の利益もない遙かな北海道まで、わざわざ大軍で遠征するような非常識なことをするわけがない。

この真相は、大阪大戦の双方の当事者の名乗りがピッタリ同じであることによって、「阿部」は天智天皇の名乗り「天命」の「天＝アメ」の訛った「アベ」で、「比羅夫《オ》＝日羅王《オ》＝新羅王」でどちらも天智天皇のこと、蝦夷とは蘇我蝦夷のことだとすぐわかる。

では「後方羊蹄」とはなにか。「後方」は「シリ方《カタ》」で鹿児島語の「白い＝シリ・シレ」で「シリ方＝白肩」への当て字。「羊蹄」とは淀川の「ヨド」への当て字なのだ。

ヨドと羊蹄ではコジつけがひどいと思われるかも知れないが、淀の語源は「泥の寄る場所＝寄泥＝ヨデイ」だから、「羊蹄」はその「ヨデイ」への当て字である。

また羊の蹄は逆馬蹄型をしている。淀川も明治の末に新淀川をつくって真直ぐにするまでは、まさに羊蹄型に大きく湾曲していて、そのために豪雨のたびに大洪水に襲われていた。その改修前の羊蹄型に大きく湾曲した地形図も記録に残っている。だからその曲り具合から「羊蹄川」と名付けられたことがわかる。

悲劇の人だった聖徳太子の実像

これで聖徳太子といわれてきた人物が、倭国敗戦当時の実在者であったことが、より鮮明に確認できた。彼はその「ウマコ」という名乗りの示す通り、蘇我の馬子でもあり、時期的にみて有間の皇子でもあった。後世の太子信仰によって飾られた、栄光に満ちた従来の想像とは違って、その実像は、亡国の悲哀をなめながら死んだ悲劇の人だったのである。

さらにこのことによって、歴史の専門家でも考古学者でもない哲学者の梅原猛・元京都市立芸術大学学長が、その著『隠された十字架』（新潮社・一九七二年刊）で、法隆寺の門の構造から「太子は悲劇の人であったのではないか」と指摘されたことは、非常に鋭い観察力に基づく、実に優れた洞察であったことを、改めて強く感銘させられると思う。

しかしなぜ、ニギ速日でなく、太子が移ったのだろう？

太子が主人公であるのをみると「すでにニギ速日は死んだ」と書いてある『先代旧事本紀』が、『日本書紀』より正しいことになるが、真相は他へ逃亡したということもありうる。どちらにしても奈良へ逃げこんだのは、妻子らだけだったのだ。

またこれによって、推古と皇極＝斉明天皇が、一人の同じ人物だったということを、さらに確実な事実として証拠に加えることができる。

さらに小墾田《おわりだ》の宮に移る

［推古紀］には、その二年後にまた小墾田の宮に移ったと書いてある。これは皇極天皇が小墾田の宮に移ったと書いてあるのと全く同一のことで、これも推古・皇極の二女帝が同一人であったことの証拠の一つである。そこでも次に挙げた「二〇年に呉《くれ》橋を造った」と書いてある「南庭」がやはり登場するから、あとの［皇極紀］と比較してみていただきたい。

こうした混乱はまだまだひどく、その年月などは全然信頼できない。なぜなら次のように、同じ［推古紀］の中に、七〇年も昔の倭《だい》国時代の記録まで混じりこんでいるからである。わかりやすい例をあげておこう。

（〇＝本当の記録。×＝他の記録の挿入）

九年　　斑鳩の宮　　〇　＝　六七〇年ごろの大戦直後の記録
一一年　小墾田の宮　〇　＝　六七〇年ごろの大戦直後の記録

一六年　裴世清くる　× ＝ 六〇〇年ごろの俀《だい》国時代の記事の挿入
二〇年二月阿部臣・鳥　× ＝ 六〇〇年ごろの俀国時代の記事の挿入
〃　南庭に呉橋を造る　◯ ＝ 六七〇年ごろの大戦直後の記録
二六年　隋、高句麗を攻める × ＝ 六一一年の事件。

これで「推古紀」にある隋の裴清《ハイ》（裴世清）来朝時の大王が、『隋書』では男性だと書いてある理由がはっきりした。実際は皇極天皇であるはずの記事を、七〇年前の記録と混ぜてしまったから、『日本書紀』は『隋書』と全然一致しなくなってしまった。日本と中国の『正史』のうち、どちらがウソになってしまったかは、いうまでもない。

推古天皇という別人が七〇年前にいた事実はないが、だからといってすべての記事が架空の作り事だというのではない。実際にあった史実をその通り書いた貴重な記録なのだが、それを『日本書紀』が、年代の異なる部分に「はめ込んだ」ために時代がウソになって、本当の「歴史」ではなくなったのである。

だから今、私たちがやっているように真実の姿に復元すれば、それは間違いのない立派な日本の歴史として復活するのである。

『日本書紀』は天武天皇の事跡を消すために作られた

ではなぜ『日本書紀』は、せっかくの記録を、そんなふうに年代の異なる部分に「はめ込む」ようなことをしたのか……。それはあとでまた詳しく検討するが、その結論を先にお話しすれば、天武天皇以下の天皇たちが、「奈良＝ナラカ」というあまり威張れない土地に逃げこんで都したのが自分たちだという事実を、少しでも消したいためだった。

それは『日本書紀』が、最初に奈良に都したのは遙か太古の神武天皇であって、それ以来、長く天皇家は奈良に都していたのだと思わせようと、あまりにも懸命になっているので、かえって、そのコンプレックスがはっきりわかるのである。

今の私たちからみれば、どこで建国しようと、長続きさえしていればよさそうなものを、なぜか、必死になって、太古から奈良にいたと主張し過ぎる。自分たちが奈良を都にしたことを、あまりにも強く恥じているために、必死になって本当の建国の場所も時代も隠そうと、全力をふり絞って努力していることがわかるのである。

それでなければ、現在になって、『魏志倭人伝』や『宋書』の倭の五王などの記事と『日本

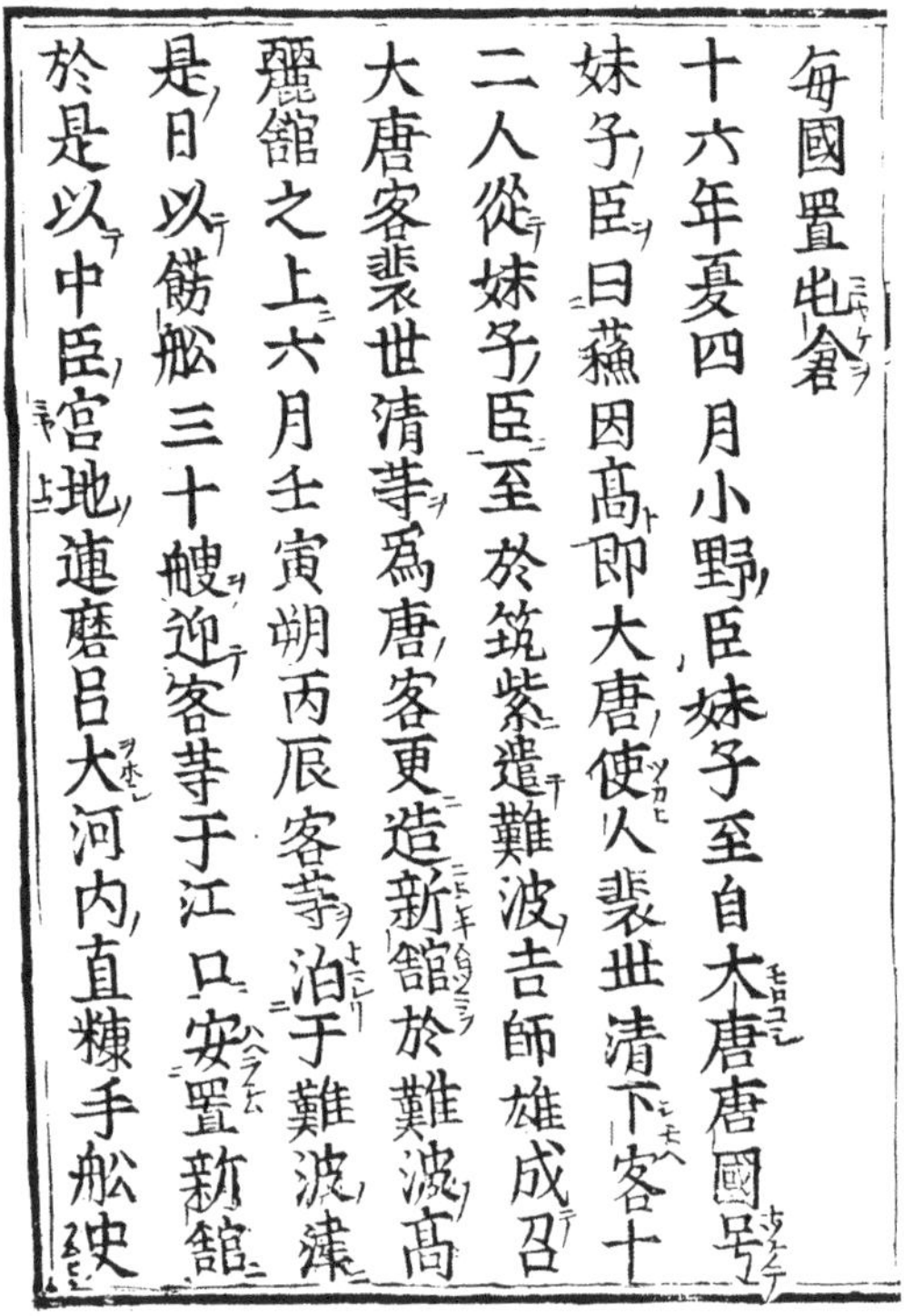

毎國置屯倉
十六年夏四月小野臣妹子至自大唐唐國号
妹子臣曰蘇因高即大唐使人裴世清下客十
二人從妹子臣至於筑紫遣難波吉師雄成召
大唐客裴世清等爲唐客更造新館於難波高
麗館之上六月壬寅朔丙辰客等泊于難波津
是日以餝船三十艘迎客等于江口安置新館
於是以中臣宮地連磨呂大河内直糠手船史

裴世清「大唐」より来る？『日本書紀』［推古天皇紀］には、このように「隋」を間違えて「大唐」と書き、それが本当の歴史記録ではなく寄せ集めの作文に過ぎないことを、自分で告白している。しかし『隋書』が「裴清」としか書かない人物を、「裴世清」という正しいフル・ネームで書いていることは、彼の来朝が事実で、しっかりした記録もこちらにあったことを立証している。それなのに男王の阿毎多利思北孤を女帝・推古と入替えている。この写真の3行目に「蘇因高」という名がある。これは小野の妹子の唐の呼び名だとしてあるが、「スイコ」と読める。「推古」はその名乗りからみても、神武との関係からみても、斉明の別名でしかないが、その天皇名は、これと香推とから考案されたことが推理できるのである。

書紀』の記事とが、どれもこれも食い違って一致しないということは起こらない。

その実例を少し並べてみても、『魏志』は南九州の卑弥呼政権崩壊の史実だと記録しているのに、『書紀』は同じ事件を奈良に東征した神武天皇の建国だと書き変えているし、倭の五王は五世紀の天皇たちなのに、まだ四国から大阪をやっと手に入れたところでしかなく、七世紀の『隋書』の時代になっても都は四国にあるという有り様である。そしていかにもその時、隋の使節・裴清が拝閲《えつ》したように『日本書紀』が書いている推古天皇は、これまでご覧に入れたように、七〇年後の斉明天皇の影に過ぎない「名乗り」だけの存在なのだ。

だからその「小墾田の宮」も、ずっと昔からあったのだと信じさせるために、[推古天皇紀]が編集されたことが丸見えなのである。少しでも信頼性をもたせようとして、年代のはっきりした『隋書』の記事を挿入したのだが、『隋書』の記事がかえって手掛かりになって、真相を見抜かれて、推古天皇が架空だったことがはっきりしたわけである。

『隋書』の原典は『十八氏纂記《あつめぶみ》』

ここで、これまで『日本書紀』の謎とされたままになっていた大きな問題を解いておこう。

その謎とは『天孫降臨』でご覧に入れたあの「一書」の正体なのだ。

「一書」とは『日本書紀』の［巻の第一］と［巻の第二］の『神代』上下に見られるところの、内容の少し異なる多くの別伝のことである。

その正体をこの章の最初に引用した『天孫降臨』の「一書」が、ものの見事にわからせてくれたのである。あなたは、それが大伴《おおとも》氏のことだけを特筆していたことをご記憶だと思う。だからそれが大伴の家にあった記録だったことはすぐわかると思う。

天武天皇の死後、その皇位を継いだ皇后・持統《じとう》天皇は、その五年（六九一）に臣下の十八氏に命令して、彼らの家に伝わってきた『纂記《あつめぶみ》』を提出させた。その十八氏の中に、大伴氏も間違いなく入っているから、大伴の家にあった記録が『日本書紀』の中に取り入れられたことは疑いの余地がない。それがあの「一書」なのだから、このことで『日本書紀』の「一書」というのは、この『十八氏纂記』の中の異説を並べたものだという結論がでる。

そうすると、これまでの史学界で定説になっていた「当時の伝承は、口伝えであったために、文字による記録と違って、時日の経過とともにどんどん内容と意味が変わってしまったのだ」という説明は、全然「的はずれ」だったことがわかる。

なぜならこの「天孫降臨」は、『十八氏纂記』提出時から、わずか二十数年前の孝徳天皇＝

ニギ速日のときに起こった事件で、持統天皇自身、その被害者の一人だったからである。それが「神話」でないことは女帝自身がいちばんよく知っていた。

抹殺された歴史を神話に託して残そうとした

それは口伝でもなく、内容の差も違いも、時の経過ですこしずつ変わったものでもない。それは政治的に圧迫された敗戦氏族が、わずかに残すことができた記録だった。

だから一見、伝承のように見えても伝承ではなく、本体はナマの歴史だったのである。「一書」ごとに異なるその内容の違いは、氏族ごとの立場と解釈と、表現の工夫の差によるものに過ぎない。

持統天皇は、もともと倭国連邦の皇帝・孝徳天皇の皇女だったが、大阪大戦敗戦のあと母が天智天皇の妻にされ、さらに大津政権の滅亡によって、今度は彼女と妹（のちの元明天皇）とが勝者・天武天皇の皇后と妃にされたという倭国史始まって以来の、数奇な運命に翻弄された大ロマンの主、世にもまれな悲劇のヒロインである。

だから天智天皇が企画して作った最初の「日本史」である『帝紀』『本辞』も、それを大改定した天武天皇の『帝皇日継』と『先代旧辞』も、どちらも女帝の祖国である倭国の歴史を抹殺してしまっているから、そんなものが持統天皇の気に入るはずがない。

そこで今度はそれらを抹殺して、さらに新しい『正史・日本紀』を作らせることになったのである。これが現存する『日本書紀』の原型なのだ。

彼女が旧倭国高官らに提出させた『十八氏纂記』は、その資料にするためのものであった。だからこそ旧倭国高官らだけに命じたのである。しかし現存する『日本書紀』を見る限りでは、天智、天武両天皇による「焚《ふん》書＝倭国史の抹殺」は、想像以上に酷く、旧倭国高官らが提出したものは歴史ではなくて、それを隠すために必死に改造して神話化した「物語り」に過ぎなかった。

これがあの「一書」が、どれもこれも「お伽《とぎ》話」のようなものでしかない本当の理由なのである。それを活用して「倭国史」を復活させよという持統天皇の命令に、編集担当者たちは頭を痛めた。

様々に工夫を凝《こ》らして最後に落ちついたのが、すでに編集が終わっている『日本紀』の最後にそれを加えるのは、敗戦を自認することになるから避けて、それを諸天皇の上に位する「神々」の位置にもっていって、「神話」とすることだったのである。

記録されている倭国の首都の規模

これで『天孫降臨』が、なぜ「神話」として『日本書紀』に収録されたのか、よくおわかりいただけたと思う。だからこれまで紀元前から倭国政権の首都があったと錯覚されてきた奈良県は、ウマシマジ（聖徳太子）が七世紀後半の六七〇年ごろに逃げこむまでは、とても首都などといった土地ではなかった。このことは奈良には日本最大の考古学機関が二つもあって、長年、広く発掘調査を継続しているが、七世紀より前の首都と呼べるような遺跡は、いまだに片鱗も見つかっていないという事実が、いちばん有力な証拠である。

倭国の首都は三世紀でさえ、『魏志倭人伝』が記録しているように巨大なものだった。それは、厳しい城を建て、都のまわりには柵（防壁）を厳重に建て巡らして、千人もの侍女がいた楼観（楼閣）を建て連ねた大宮殿が、それらの大宮人と、護衛の軍隊と官僚と使用人を住まわせていたと、それを直接観察した魏の帯方郡使が明確に記録している。

念のためにつけ加えると、当時の中国で「楼観」と呼んだのは、豪華な二階建て建築のことで、吉野ガ里に建てられているていどの「物見やぐら」には、望櫓とか望楼という別の名詞がきちんと使い分けられる。観とか閣というのは本格的な建築のことなのである。

倭国の首都は広大な大都市だった

また邪馬壹《いち》国の首都には七万戸あって、その一戸も現在のような三～四人家族ではなく、地位の低い「下戸《げこ》」の男でも二～三人の妻をもち、富裕な「大人」の男子なら皆四～五人の妻をもっている一夫多妻制で大家族主義の国だったという。

だから、一人の夫人に三人平均の子供が生まれたとして、夫人四人で子供一二人、親子で一七人。それに長寿者が多いというから数人の老人が必ずいた。どう見積っても一戸二〇人平均はいる。その七万倍は一四〇万人。三世紀でも倭国の首都は小さくはなかった。

しかも、その家庭は父母兄弟がザコ寝をしていたのではなく、皆それぞれ「臥息＝寝たり休んだり」する場所は一人ずつ別々になっていたと書いてある。五人の夫人をもった富裕家庭では、血のつながった家族だけでも三〇人以上いたのだし、都会生活ではその他の使用人も必要である。卑弥呼が侍女を千人も使って見せているのだから、富裕な「大人」がそれを真似ないはずがない。とすれば一軒の家に最少でも三〇人、多い家では数十人が生活していた計算になるから、非常に大きな家屋でなければ住むことはできない。飛弾の白川に残っていた合掌造りの大家屋のようなものだったと考えられる。

それが七万も建ち並んでいたのであるから、その遺跡は物すごく広大で壮観だったのである。だから奈良ほど発掘調査が進んでいれば、たとえその一部分でも見つからないということは絶対にありえない。

首都を支える経済基盤と倭の五王の名

またそれだけの人口が税だけで食べて生活していたわけではない。もちろん周辺に農家があり、都市には商工業の家があり、それぞれが生業を営まなければそれだけの家族を養っていくことはできない。ところが奈良にはそんな産業基盤も、それらしい遺跡も全くないが、それが大阪には十分にある。それは「倭の五王」時代に一致する時期の、膨大な須恵器産業遺跡群と、広大な河内湖の干拓遺跡群、数多くの人工溜め池（用水池）遺跡、それらの廃土利用と考えることもできる巨大古墳群の実在で立証されているからである。

またその「倭の五王」の名乗りでも、それがわかる。四七八年に最後の倭王・武が宋の順帝に送った手紙にある彼の名乗りは、彼の時代になって、やっと奈良県の高市郡を新しい領土として加えたという表現になっている。「武《タケシ》」は「高市《タケシ》」と同じものだからである。

また彼の手紙は、倭国王が最初は九州から出発して、代々、悪戦苦闘しながら苦労して次第に国土を拡大していったと明瞭に書いていて、それを疑う余地はない。その初めとは仁徳天皇の時代で四世紀のことである。その時代になっても四国以東には領土はない。

三世紀でさえ一〇〇万都市だったのだから五世紀にはさらに巨大化していた首都は、そう簡単に引越すわけにはいかない。だから代々同じ首都名を名乗ったのでは、代々の王の名乗りは皆同じで区別がつかず、名として役に立たない。

いくら古代人でもそんな愚かな名乗りは名乗らない。だから五王の名乗りの最後に書かれたそれらの「讃・珍・済・興・武」という一見個人名ふうの名乗りは、絶対に首都名ではない。それは「新たに私がこの領土を加えたのだ！」という自負と誇りをこめた新領土名を特記した、名誉ある称号だったのである。

だから高市郡を手に入れた時点では、首都が移動していたとしても最大限、河内あたりまでなのである。このことは五世紀末でもまだ奈良は首都ではなかったことを示している。

だから奈良ほど発掘調査が進んでいても、そうした都市遺跡一つすら見つかっていないということは、奈良は三世紀当時の「邪馬臺《だい》国または邪馬壹《いち》国」のいずれでもなかったという決定的な証拠であり、七世紀より前には、倭国の首都でもなかったという動かぬ証拠でもある。「邪馬台国・大和説」や「神武天皇以来の首都説」は、まったくの空想説でしかないことが立証されたことになる。

「ベ」の一字が雄弁に語るアスカ史の真相

これで『天孫降臨』がなぜ「神話」として『日本書紀』に収録されたか、「神武天皇の橿原即位」が七世紀のもので紀元前のものではなかったこと、七世紀より前には、倭国の首都は奈良にはなかったことが、よくご理解いただけたと思う。

では、これまで長い間日本の歴史教育で、古代奈良政権の首都だとされてきた「飛鳥＝アスカ」とは、一体、なんだったのだろう……。

アスカと呼ぶ七世紀の大遺跡には「遠津アスカ」と「近津アスカ」の二つがある。一つは誰もが連想する奈良県の飛鳥だが、そこは正確には高市郡「明日香」村である。

もう一つは大阪府羽曳野市飛鳥で、二上山に向かってかなり登ったところにある山里である。

一〇世紀の『倭名類聚鈔』には当時の日本政権の領土地名が正確に記録されているが、それには「安宿郡」と書いてあって、読みガナは「安須加倍＝アスカベ」郡とふってある。これはアスカに仕えた人たちの居住地という意味である。

この「倍」の字を「バイ」でなく「べ」と発音して、「部」の意味に使ったのは、どんな人たちだったのだろう？　鹿児島語では今も「バイ」を「べ」と発音しているから、それが鹿児島語を使う人々だったことが、すぐ確認できる。

そして、そこの住民を、「部民」として扱うようになったのは、倭国政権の滅亡後なのだから、勝利者の天智天皇と天武天皇の日本国側が鹿児島語を話す人々だったということも同時にわかるし、また一〇世紀になって『倭名類聚鈔』を書いた源順《みなもとのしたがう》も、やはりその鹿児島語を受け継いで話した一人だったと確認できる。

だが「べ」の一字が教えてくれる歴史の真相はまだまだある。そのうちでも一番重要なものは、「アスカベ」とは、そのアスカに直属していた家臣ということだから、「アスカ」とは、これまで教えられていたような「単なる地名」ではなくて、このアスカベの住民にとっては「主人に当たるものの名」だったという事実である。

そうでなければ単なる地名に臣下に当たる「部民」がいるはずがない。「アスカ」とは、王とか領主とかいった人格をもった人間、または政権のような法人格をもったものだったからこそ、それに仕える部民「アスカ部」が存在したのである。

「アスカ」とは倭国の天皇のこと

『日本書紀』の編集者は、苦心して旧倭国の痕跡を残さないように徹底的に削除してしまったが、その他の地名などの無形文化財や出土遺物をよく気をつけて見ると、こんなふうに天武天皇以後の政権が、ウッカリ消し忘れたミスがまだ見つかる。

このアスカべの命名は、倭人が自分の名誉を傷つける「部民」という蔑称《べっしょう》を、自分で自分につけることはないから、勝者が押しつけたものだとはっきりしている。

だからアスカとは、『日本書紀』の書く「蘇我氏」であり、「ニギ速日」である。これはよく観察するとすべて男性名詞であるから、これは倭国独特の政権形態を考えさせる。

すなわち観世音を崇《あが》める仏教の祭祀女王と、それを補佐する卑弥呼の場合の男弟という組み合わせの、同じ政治形態を守っていたとすれば、女王はインドのブラフマン（祭祀王）に当たり、男王はインドのクシャトリア（軍事王＝倭の五王の肩書であった「諸軍事」）に、いずれもぴったり合う。

このインドのカースト（階級制）は、その下に庶民階級と、奴隷階級とがあって「四姓」と呼ばれてきた。それが少し姿を変えたものが、徳川幕府による「士・農・工・商」の階級差別で、それは倭国時代の遺物だったことがわかっている。間違いなく倭国時代にはそのインド・カーストが日本列島に存在していたのだ。

だから「アスカ」とは倭国政権の、ウワイ（倭＝優婆畏＝祭祀女王）に対する、男性権力者をさす別名であったと証言している。それが孝徳天皇であり蘇我蝦夷であり、蘇我馬子であり、聖徳太子であり、有間皇子であったのであって、アスカの頭文字「ア」は敬称の「阿」であり、あとの二音「スカ」が「蘇我」であり「速日」だったのである。

すなわちアスカは、「阿蘇我」「阿速日」と書いてもいいものだったのだ。これは「アソカ」であって、宗祖の「アショカ王」と同じ名乗りだから、倭国の最高位の男性にだけ許された称号で、「天皇」に相当する代名詞だったのである。

こうした実例をご覧になると、名詞や言語による真相の発見は、たった一字でも前後を十分考証しさえすれば、実際にあった史実の手掛かりを保存していて、反論の余地のない大きな証拠力をもっており、それまで不明だった真相を明らかにできることが、よくおわかりいただけたと思う。

それを従来のように「べというのは氏族に従属する部民のことである」と説明するだけでお終いの歴史教育では、なに一つ本当の歴史はわからないままで終わってしまうことになる。

【第五章】

建国史の謎を解くキーワード「アスカ」

アスカベ郡尾張はウワイで倭国の都

一字一句をゆるがせにしないことが、歴史の謎をどんなに解いていくか、その実例は、このアスカベ郡にまだまだ、すごい遺物・文化財として残っている。それは『倭名類聚鈔』が記録している郡の実態である。そこに書かれたわずか六字の地名が、「倭国滅亡の悲劇」を、どんなふうにまざまざと物語るかを、心を澄ませて注意してお聞きいただきたい。

このアスカベ郡は、賀美、尾張、資母の三つの村でできているから、一〇世紀当時はまだ現在の羽曳野《はびきの》市の飛鳥地区よりずっと大きかったことがわかる。

そのうちの二つの地名が［賀美＝カミ＝上］［資母＝シモ＝下］という上下関係を示すこともすぐわかる。ここがいわゆる蘇我氏（実《かみ》は斉明天皇に至る倭国時代の王たち）のうちの誰かの都だったことを考えると、賀美は「お上」で王や貴族、役人のいた場所。資母はそれに仕えた「下戸《しもべ》＝下僕」の居住地域ということで、現代まで続いている「山の手・下町《した》」や「上り《のぼ》・下り《くだ》」と同じ語源と使用例がここにもみられる。

尾張は「終わり」だとみると「郡のはずれ」ということになるが、村はずれや町はずれといったものは地域の八方にあるわけで、一地域だけに名付けられることはありえない。

だからこの「尾張＝オワリ」は、倭国人も日本国人も双方とも元沖縄・鹿児島からの移住者だったことを考えると、その発音は「オワリ」ではなく「ウワイ」で「倭」と同じである。このウワイはもうよくご存じの「憂婆畏」という女性仏教徒国およびその支配者をさす代名詞なのだから、尾張が倭国女王のいたところということになる。

すなわち一〇世紀には、まだ七世紀以前の記憶が鮮明で、かつての都が「安宿《アスカベ》」として残り、その中心部が「ウワイ」と呼ばれて、そのまま残っていたのである。

大阪府下を移動した倭国の都

天智天皇が滅ぼした当時の倭国の都は、今のＪＲ梅田駅の東北、新淀川中流部にあった。それ以前かあとの都が、この安宿だったことは間違いない。倭の五王までさかのぼってみても、最後の倭王・武のときに、奈良県高市郡を領地の中に加えただけで、そこが都になっていた形跡はないし、名乗りがそれを否定している。

なぜ、それ以前には、奈良に首都を置かなかったのだろう？

その理由は大阪平野に比べて標高の高い高原である奈良平野は、冬の寒さがたいそう厳しく、交通も不便であったし、海がまったくないので、沖縄、南西諸島、鹿児島といった南国から移住してきた海洋型の人々は、暖かい海洋型気候に慣れ、食事も新鮮な海の魚なしでは生活できなかったから、現代のような暖房もなく、魚を新鮮なままで運ぶ輸送手段もなかった当時には、奈良はとても住めるところではなかったからである。

さらにそれまでの四～五世紀の倭国の富と力の主要な源泉が、須恵器《すえき》産業による経済活動だったことを考えると、それらの重い商品や多数の首都住民の食料など、日常の大量輸送にも海上を船で運ぶのが便利だった。これらの幾重にも重なった条件が、五王の珍、済以後の歴代の倭王たちが鹿児島湾同様、巨大な湾のある大阪に都を置いた最大の理由である。

天武天皇はなぜ、条件の悪い奈良に飛鳥浄御原の都をおいたのか……。奈良に確実に都を置いた「天皇」は彼が最初だが、彼の立場を考えてみれば、その理由がわかる。

天智天皇は国名を倭国から日本に改号した年の翌年六七一年一二月に死んだ。唐の咸亨《カンキョウ》二年である。『日本書紀』の記事では一〇年になっているが、正式に即位したのは七年正月のことだから天皇の位にいたのは四年である。

『紹運録』には推古二二年（六一四年）の生まれで五八歳で死んだとあるが、『日本書紀』には舒明《じょめい》天皇二年のところに宝皇女《たから》（のちの皇極天皇）を皇后にして生まれた長男だとある。

天武天皇はその弟で、朱鳥《あけみとり》元年（六八六年）九月に六五歳で死んだ。『紹運録』の主張だと推古三〇年（六二二年）の生まれで、天智より八歳年下の弟ということになる。

子供時代の名乗りを見ると、兄は葛城、弟は大海人となっている。葛城というのは鹿児島生まれの名で、「カッラギ」と発音して、当て字を変えると「姶良郡＝カッラグィ＝カラグニ＝韓国＝空国」になる。「空」はソラで「襲国《ソラ》」。これがソラの語源なのである。

『古事記』によるとニニギのミコトが高千穂のクシフル嶽に天降ったとき、「ここは韓国《カラグニ》に向かい、笠沙《かささ》の御前を真来通りて……」といったという霧島山の西南に広がる郡の名なのだ。だから天智天皇は幼い時に「韓国王」を名乗っていたわけである。

韓国《からぐに》とはインド語でシバ大神のこと

では「カラグニ」の語源は何か。これはいかにも日本語のようだが、インド語なのである。カラグニとは日の神の「シバ大神」ということなのだ。日本語の「クニ＝国・邦」は、このインド語から生まれたのである。だから姶良郡が「日の国＝阿日羅《アヒラ》」なのだ。天智天皇は大化当時「韓人」と呼ばれたが、その名も「日羅《カラ》国王＝日本王」だったのである。

またこれで日本国の宗教は日の神シバを祭るシンドゥ教の一派だったこともわかる。本来の天照大神は男神で女性の天照大神は本当は「斎王」のことだという説があるが、それは天智天皇の祖先である位宮＝垂仁天皇が、壹與を女王に立てて卑弥呼政権を倒すのに使ったことと一致する。「斎王＝壹與」だとすると「斎主」と書けば沖縄読みで「イチュ」で、壹與の沖縄読み「イチュ」とぴったり一つになるからである。

弟の天武の名乗りは人の字がついているので、当時の地名だとすると海人を「ハヤト」と読んで、その姶良郡にある今の隼人町のこととし、大をその王の意味に受け取るか、大は奄美大島地域の古代地名だから、隼人以南の南西諸島の王とみるか、どちらにしても『旧唐書』が記録している「小国日本」の中の地名になる。

兄の葛城は過去には奈良県の葛城山か和歌山県の葛城町あたりとしてきたが、それでは弟の名乗りの土地はどこか、全然つかみどころがなくなる。天武天皇即位後の名乗りが「天渟《ぬな》中原瀛《おき》真人」というのだから、いっそう近畿とは縁遠くなる。しかし、これを南西諸島に求めると従来「渟中原はヌナハラ＝海原」「瀛＝オキ＝沖」と読まれてきたから、南西諸島と沖縄にイメージがダブる。やはり小国日本の出身とみるほうが合理的である。

「日本」を滅ぼした壬申《じんしん》の乱

この天智と天武が実の兄弟ではなかったという問題には、まだ最大の証拠が残っている。それは倭国を倒して「日本」に国名を改めたのが天智天皇だったのに、それがいつの間にか「日本」と書いては、どうしても読むことも発音することもできない「ヤマト」という呼び名に変わってしまったことである。

だがその理由は決して難解なものではない。天智天皇の首都・大津を攻めて次の天皇・弘文政権を滅ぼした天武天皇の宗教が、その「ヤマト」の語源を教えてくれるからである。日本がヤマトに変わったのは、「壬申の乱が日本を滅ぼした」からである。

天武の宗教は、彼が制定した宮位［姓《かばね》］の最高ものが「真人」で、彼自身が率先してそれを名乗っているのですぐわかる。この「真人」は秦《シン》の始皇帝がそれになりたいと憧れたもので、方士の徐福らが唱えた道教の一種が理想に掲げた「不可能のない超人」のこと、私たちが「仙人」と呼ぶ、神と人間との中間に位置する達人たちのことである。

この「仙」の字は山の字にニンベンがついているから「山人」、そのままで「ヤマト」という言葉に一致している。しかし山人《ヤマト》といっても山仕事を職業にしているという意味ではない。それは「ヤマ教徒」のことだったのである。

奈良の橿原で天皇に即位したのは天武天皇だった

徐福らに心酔していた秦の始皇帝は、それまでの儒教《じゅきょう》を弾圧したことで知られているが、彼は中国の統一が成功するとすぐに中国一の聖山・泰山に登って「封禅」という儀式で神を祭った。この行事が、彼がどんな宗教の信者だったかを教えてくれる。

「封禅」は漢以前の発音で「ピュン・ヂァン」、これはインド・パーリ語の「ピュジァーナまたはプジャナ」への当て字である。意味は「供養」と普通訳されているが、それは仏教にかたよっているからで、正確には供物を捧げて神を祭ることである。山を崇《あが》め、天の神を信じる。これはインド伝来のシンドゥ教だったのである。

それが徐福らによって日本列島にもたらされ、種子島の伝承に様々な形で残ったものが、八《や》俣《また》大蛇や豊玉姫などのナーガ信仰と、「道の大人＝ミチノウシ＝ビチュヌウシン＝御中主の神」といったシンドゥの神や王の名、それに広田遺跡出土の「山字文貝製装飾品」などであるとみると、その島の出身者で構成されていた「タチバナ＝橘＝種子島＝但馬国＝丹波国」の一人である天武天皇が「ヤマト」朝廷を始めたのは疑う余地がない。

それは彼の発想になる『日本書紀』の思想が「神道＝シンドゥ」中心であることで明瞭にわかるが、それればかりでなく、彼がわざわざ「山地」の奈良に首都を置いたことも、やはり秦の始皇帝を理想としていた彼が「山教徒＝ヤマト」であつたことを証明している。

だから奈良で皇位につき即位式の「封禅」を行った者は彼以外にはない。彼以前の仮宮が明日香にあったとしても、仏教徒の「倭国」だからそんな行事などしない。また天智天皇もシンドゥ教徒ではあったが、彼は福岡で即位し、滋賀県の大津を首都にしたのだから奈良には全然無関係である。

奈良で即位式を挙行したのは天武天皇以前にはないから、結局その「神武天皇」のモデルは彼で、彼が企画した『日本書紀』が初代天皇を奈良で即位させたのは、彼を初代天皇として崇拝させようという彼の願望の発現にほかならない。

彼が封禅のほかにも始皇帝を真似たものに「朕《ちん》」という自称があり、「天皇」という称号も道教から出たものである。だから彼が最初の天皇なのであって、彼以前の倭国が「天皇」の称号を使うことは絶対にない。

こうしたものも『日本書紀』では神武天皇から始まったことになっている。それらはすべて天武天皇の理想による、おもて向きの小細工である。その裏面にある「奈良建都」の暗い現実は、そんなにカッコ良いものではなかったのである。

いうまでもなく彼は、天智天皇の後継者である弘文天皇政権を大津で倒して、武力で政権を盗った反乱者である。だから一つ間違えば旧政権の残党とそのバックにいる天智天皇の息子・文武《もんむ》王が君臨する統一新羅＝全朝鮮半島の軍隊、さらには最悪の場合は、それと唐との連合軍の再来襲も覚悟しなければならなかった。身を護り、都を守る防衛が何にも増して重要だったから、少しでも新羅から遠く、山地で、大軍では攻め難い自然の山城ともいえる奈良を、特に都の地に選んだ真の理由はこれである。

奈良に散在する古墳は先住民のもの

「ヤマト＝山教徒」の天武としては、自分の宗教で君臨したいのは山々だが、前政権の残党が、いつ勢力を盛り返してくるかわからない、という中で、できるだけ安全を計るために、あらゆる手段を用いる必要に迫られた。何よりも好都合だったのは彼の立場が、倭国を滅ぼした天智

系を倒して倭国人の仇を討った形になる点である、
　そこで彼は形の上では天智天皇の義理の娘だが、本当は孝徳天皇の実子であるのちの持統・元明両天皇姉妹を妻に（実質は倭国時代の女王制度を復活した形に）して、現在の奈良の明日香村に余命を保っていた蘇我＝ソナカ大王家の中心人物・蘇我倉山田石川麻呂（持統・元明両天皇の祖父）の居住地に「飛鳥浄御原」の都をおいたのである。

　これは三世紀に壹與を立てて卑弥呼政権を追放した初代・神武天皇の垂仁天皇・位宮の故知にならった形になっているから、当時は邪馬壹《いち》国の歴史はよく知られていたとみていい。彼は根強い倭人の力を取りこむことが政権安定と防衛の第一手段だと考えたのだ。

　以上が「都を置くには最悪の条件の土地」奈良に、天武があえて都を置いた理由である。だから彼以前に、そんな場所に都を置いたものはいない。そこにある大阪倭国時代以前の遺跡は、すべて先住民のイナ（殷）人や、銅鐸と河内音頭を残した歌のうまい人々ヤオ（謠・揺＝八尾）人の作った墓地遺跡なのである。

　その事実は古墳自身が立証している。その配置一つみてもわかる通り、すべてがイナ人の測量技術と、殷時代からの尺度によるものばかりだ。被葬者は倭人でも工事をしたのは先住民だったことがわかる。そして天武以後は葬制が古墳ではなく墓に、そしていったん、土葬したものを後年改めて火葬にする南島型葬制に、すべてががらりと変っているのである。

だからこれに関連のある謎も簡単に解ける。一時大騒ぎされた高松塚古墳は、すべてが高句麗様式だから六七〇年より前の倭国時代のもので、時代も宗教も古墳であることも様式もすべてが、山教徒の天武一族のものではないと、はっきり断言できる。だからそれは、一時唱えられた天武・持統の子で元明天皇の夫であった「草壁皇子」の陵では絶対にない。

また過去の史学がいうように、遅くとも紀元前後に神武天皇が「ヤマト朝廷」を奈良に置いたのなら、古墳時代はその時から始まり、奈良の周辺に紀元前後からの古墳がなければならないが、そんなものは一つもない。天皇陵とされているものも、架空とはっきりわかっている天皇の陵まであることで、それが政策用のものだと自分で証明している。

五世紀より前の畿内古墳は「毛人」のもの

それは倭王・武の手紙でもはっきりわかる。倭王・讃から幾代かかけて征服した「東五十五カ国」は、少なくとも五世紀初めまでは、倭王の国「倭国」には入っていなかったのが事実だからである。武自身が手紙にそう書いている以上、誰もこれを変更できない。

だから五世紀より前に、その地域、すなわち九州より東の四国や、中国地方や、近畿地方につくられていた古墳は、絶対に倭人のものではなくて「毛人」のものだったのである。ましてや、七世紀になって初めて近畿を手に入れた日本人や山徒のものではない。ところが『記・紀』は、その日本と倭国の歴史しか書いてない。だからそれらの古墳群はすべて『記・紀』に登場する人たちのものでは「絶対にない」のである。

『延喜式』の規定では「遠陵・近陵の区別」があって天智天皇以前は神武天皇もすべて遠陵に入れ、その遠陵の祭りは近陵に比べてあまりにも粗末に扱われている。

天智天皇陵とそれ以後の天皇陵は大切に扱ったが、それ以前の「天皇陵?」は、自分たちが作った『日本書紀』に合わせるために、一応、天皇陵だということにしてあるだけなので、それを祭る際には、単に形式だけの粗末な扱いしかしなかったのである。

また、ヤマト政権下の人からみれば、それが先住民の墓だったから、血のつながりがないものを、ぜいたくに祭ることはない、というのが本音だったのである。

それらの墓が、本当に倭国当時の大王やその一族の墓だったのなら、いったんは負けたが、実質的には持統天皇以後、ふたたび政権の座についた天皇たちからみれば、肉親の情としても、また国民に与える信頼感の問題からも、できるだけ丁重《ていちょう》に扱う必要があるが、ヤマト政権はそれをしなかった。それは政府も国民も先住民の墓だと知っていたからである。先住民・毛人の歴史や墓の主の記録はない。いくらその出土品を分析しても、それは今のままの考古学界の現状では、史学の混乱に輪をかけるだけなのである。

古墳を作った毛人の正体は殷人

また七一〇年、奈良に初めて本格的な都・平城京を作ったとき、元明天皇はその敷地内にある古墳を、何の遠慮もなく削りとって平地にし、その土を埋め立て用に使っている。それが元明天皇の先祖のものだったら、とてもそんなことはできない。

さらに大きな動かない事実は、古墳と古墳が一直線で結ばれていることと、その古墳と古墳の間隔が、いまのメートル法にも合う尺度で正確に測量して配置されていることである。このことは先にもお話ししたが、紀元前一五〇〇年ごろに生まれた中国の殷人《イン》による統一王朝「商」の尺度が、この古墳人の尺度と完全に一致するのである。

その商の古都の跡・殷墟と、茨城県稲敷郡の福田貝塚とは、共にぴったり北緯三六度線上にあるが、その正確な東西線上の二点の距離が、正確に一二〇〇〇キロメートルある。しかもその両端で、同じ宗教思想を表現したデザインが、二五か所も一致する祭器用「注口器＝水差し」が出土しているので、この両者が縄文時代には同族であったことは間違いない。

こうしたことが立証しているのは、五世紀より前に古墳をつくった人々は、間違いなく殷人で、その「イン・イヌ・イナ」という発音が、金印の「漢《ハン》・委《イ》奴《ヌ》国」や、福岡県の羽犬《ハイヌ》塚、広島県の因《イン》の島、鳥取県の因幡《イナ》、兵庫県の猪名《イナ》川町を中心とする古代「稲《イナ》の国」、愛知県の犬山、長野県の伊那、千葉県の印旛《インバ》沼、茨城県の稲敷、福島県の猪苗《イナハ》代湖、などと、これらの間に点在する「因、印、院、犬、稲、猪名、猪野、伊野」などと、その方言発音差による「エノ＝江野、吉《エ》野、江田、吉《エ》田」などのつく地名として残っているのである。

だから一時「ヤマタイコクだ」と騒がれた佐賀県の「吉野ガ里」弥生時代遺跡は先住民の住居跡で、邪馬臺《だい》国でも邪馬壹《いち》国でもない。その位置も伊都国から北へ逆行しているし、第一「一〇〇万都市」の遺物が全然出てこない。

なお誤解のないように一言つけ加えると、このイナ人は五世紀以後の大阪倭国やその周辺の古墳造営では、建設工事に従事した人々であって、それを造らせた「墓の主」たち支配者ではない。埴輪になって残っている像は墓の主の仲間であって、イナ人ではない。これまでは「古墳時代人」というと埴輪の人物の写真が並ぶような発想しかできなかったが、その時代には先住民の様々な人々がいた。それらが混血した現在の日本国民を「単一民族」だなどと信じているのは、あまりにも知性が低い証拠なのである。それを呼ぶには私が半世紀前から主張してきた通り「複合国民」と呼ぶしかない。

「畿」は五彩圏の中心「黄」を意味する

こうした事実を、なによりもはっきり証明しているのが、先にお話しした「二つのアスカ」なのである。それに「遠近」の区別があることが、七世紀の歴史の大きな証人であり、重要な記録なのでもある。

ご存じのとおり「遠津アスカは奈良県のほう」「近津アスカは大阪府のほう」である。これは「近津」に近い位置に命名者がいたことを示している。この呼び名は命名者の視点が、奈良側でなく大阪側にあった証拠なのだ。

では、その命名者は誰だったのだろう。それは同じような「遠近」のついた地名の命名者が誰かを見てみればわかる。

誰でも知っている遠近地名に「近江・遠江（オウミ・トオトウミ）」がある。近江は「近津・

淡海（チカツ・オウミ）」の略で、遠江は「遠津・淡海（トオツ・オウミ）」の略だ。近いほうは近江（滋賀県）のビワ湖。遠いほうは遠州（静岡県）の浜名湖が名前の語源である。この遠近感はどこから見たものだろう？　いうまでもなく、この場合は「都＝京都」から見ている。都に近いほうが「近」なのである。

この遠近の区別を的確に使っているのが「近畿」という地域名だ。「畿」は都を意味するが、その発音の「キ」は五彩圏の中心の「キ（黄）」の色の名の語源である。黄をキと発音するのは、この「畿」の字の漢音が、日本語の色の名になったからである。

私たち日本人は天武時代から明治以前までの長い間、奈良と京都を首都にしてきた。それを中心にした地域を「畿内」と呼び、今も「近畿地方」と呼んでいるのは、そこが「五彩圏連邦の中心＝黄色の国」という意味をいまだに受け継いでいるのである。

そこに近い地域が「近畿」なのだから、それより遠方は「畿外」であり「遠国」なのだ。これでわかるとおり、それらの遠近は都人が見たもの。もう少し詳しくいうと、都の支配者がつけた代名詞なのである。それは当然のことで、古代は万事が支配者中心社会だった。

すべての文化の中心は「宮＝政府」だった。文字の読み書きもできなかった一般国民は、官の視点でみたものを、ただ受け入れて使うだけだったのである。

光明皇后とレプラ患者の物語

「アスカ」は蘇我と同じもので、その語源が「アショカ王・お釋迦様」であったことは、詳細に証明されているが、「安宿」に限っていえば、さらに詳しく新しい証拠を追加できる。「アショカ王」を漢訳したものは「阿育王」と書いてあるが、これは「アイク王」ではなく、「アシュク王」と発音するのが正しい。それには他に、アショカ王を仏とみて命名した「阿閦（アシュク）仏」「阿閦如来」などの仏号が残っている。王を仏とするのはギリシャ王のミダスを「阿弥陀如来」と呼ぶ例でわかる通り、仏教の普通の習慣なのだ。

この「安宿《アシユク》」を名乗る安宿媛《ひめ》というのは、奈良の大仏を建立した聖武天皇の皇后、光明皇后の本名で、慈愛深かった彼女には有名な物語が残っている。

皇后は、自分の手で国民千人の体を洗うことを念願して浴室を建て、九九九人まで済ませ、あと一人で満願というときにやってきたのは、全身ウミで悪臭をはなつレプラ患者だった。ところが患者は、「私の病気は洗っても治りませんよ。ウミを吸いだすしかありません……」といったのである。

皇后はそれを仏の御心と思ってその願いを聞きとどけて、その臭いウミを我慢して吸いだしてやった。すると患者は「長年苦しんだ病気が、すっかり良くなりました」と喜んだので、皇后は「このことを人にも教えてあげなさい」といったところが患者は、「あなたも阿閦仏のウミを吸ったとお話しなさい…！」といって消えてしまった。皇后はその場所に寺を建てて「阿閦寺」と名づけた。それが今の法華寺なのだというお話である。

この説話で、安宿と阿閦との関係がおわかりいただけたと思う。安物《やすもの》とか安宿《やすやど》ははるか後世の言葉で古代には「安」も「宿」もいい文字だった。だから安（ア）宿（シュク）という当て字は、明日香より、ずっと上品で合理的だったのだ。これで「安宿」とは、阿閦仏すなわちアショカ王を意味することが、さらによくおわかりいただけたと思う。

それがなぜ「アスカ」と発音されたのか、それは新村出《しんむらいづる》博士の大辞典『辞苑』に、はっきり書いてある。それにはアショカ王のことを「アシュカ」と呼び、「阿須迦王」という当て字が使ってある。これが本来の当て字なのである。日本の仏教徒は南中国語である呉《ご》音を使うから、「須」は「ス」ではなく「シュ」が正音なのである。須弥山はスミセンでなく「シュミセン」と発音することも、ご存じの通りである。

しかし日本では「須」は「ス」と読む鹿児島音が次第に普及したから、必須はヒッス。須田はスダ。須藤はスドウと発音するのが普通である。そのため「阿須迦《アシユカ》」も「アスカ」と読まれ、それが正しい発音ということになってしまったのだ。このこともまた、「アシュク＝安宿」が古くて、明日香＝アスカがはるかに後世のものであることを証言している。

これで「アスカ」とは「アショカ王」のことであり、その子孫であるソナカ王のことであり、その所在を示す「都」の意味ももっていたことがおわかりいただけたと思う。だから倭国時代には「アシュク」であって、都の代名詞だった。

「二つのアスカ」はなかった

本来、都は一つしかないものなのだから、二つのアスカがあるわけがない。ところがそれが生まれたのは、都が都でなくなったからなのである。それは倭国が滅んだとたんに、もう都ではなくなった。単なる「アシュク人の住んでいるところ」という意味に格下げされてしまった。それが奈良に逃げこんだアシュク人の新居を、仏教徒でない日本人たちが「アスカ」と呼んだ理由である。

アショカ	アシュク	アスカ	アスカ	トットイ	トットイ
阿育王	安宿	明日香	飛鳥	飛鳥	鳥取

名詞はこうしてどんどん変化していく。だから時と場所で別のものになる。これまでお話ししてきたことの結論は、正確にいえば「二つのアスカは、なかった」ということなのである。かつての都の名前は「アシュク」で、新しいほうは「アスカ」であるし、その内容も、前ののは「都」で、後のものは敗北者、落ち人の「仮住い」の名に過ぎない。その命名者も前ののは倭国政権自身だが、あとのものは日本政権である。

皇極天皇らが逃げこむ前には奈良には一度も都などなかった。その後に天武天皇が都を置いたのは、防衛上やむを得なかったからである。ところが倭国時代はもちろん、それ以前も、五彩圏連邦時代には小国どうしの紛争はあっても、山の中に逃げこんで都をつくらねばならないほどの大事件はなかった。

四七〇年代に倭王・武が奈良県高市郡を領地に加えるまでは、奈良は倭国のなかにも入らない先住民の国だった。もちろんそれは五彩圏連邦以外であって、九州東部から見た倭王・武が「毛人」と呼んだ四国・中国地方に住んでいた人々よりも、まだ縁遠い人たちが住んでいた国だったのである。ではいったい、「奈良」は天武天皇以前は何だったのであろうか……。

それは奈良全域に散らばる、あの大量の古墳群が答えている。そこは墓地地帯だったのだ。倭国が栄えた大阪府一体には、大古墳こそあるが群小古墳は少ない。それに比べて奈良の周辺山地と盆地には、すごい数の古墳があるから、その古墳の主に支配されていた国民の墓は、どれくらいあるか想像を超える。もっともそれは墓碑さえもないものだが……。

【第六章】

朝鮮半島は倭国の支配下にあった

酷似している東南アジアと古代日本の葬制

今の日本ではかなりの地域で、死者は焼却してから埋葬するから、ことに都市部にお住いの方にはわからないと思うが、実際に土葬が行なわれている地方へいくと、それはすごい悪臭をはなっている。風のない夜などは、村全体がその悪臭に包まれることもある。

だから土葬ばかりの時代は、墓地はできるだけ遠く、風下の、周囲を山で囲われた場所に隔離してつくるのが合理的だった。

それくらいの知恵は、中国雲南省《ユンナン》から東南アジアの奥地にかけての山間に散らばって住む、私たちと同じ血と文化を分けている山地居住民たちももちあわせている。雲南はマレー語のユナン＝ギリシャ人への当て字＝与那《ユナ》（国島《ぐに》）と同じなのだ。

私は二十数年にわたるフィールド・ワークで、その人々の葬制と信仰と迷信と墓地の形態の関係を比較検討してきた。

その中には当然、その中国の風水や堪輿《かんよ》の迷信に影響されたものもあったが、それらにも、一つ残らずすべて同じ配慮が払われているのを知った。

日本列島の場合は恒常的に西風が吹く、だから当然、墓地をつくる方角は居住地の風下にあたる東の地域である。奈良高原は大阪平野からみて、あらゆる点で集団墓地としての適性を備えていた。だから「倭の五王」が大阪に進出する前から、そこは河内湖と大阪湾の影響で高温多湿な大阪平野と沿岸の先住民たちの集団墓地地域だったのである。

奈良盆地は高地であるというだけでなく、その地理条件によって平均気温が低く涼しい。それは死者を高いところに安住させるという宗教思想だけでなく、急激な腐敗を防いで、死体を鳥獣や昆虫に食べさせて骨だけを残すという、日本列島の先住民イナ（委奴・犬・因・印・稲・猪名・伊那＝殷・インド）人が、中国に古代型帝国を築く前からもっていた、超古代インドの知恵による伝統的処理法にも最適の土地だった。

奈良は倭国領になる前からの聖地だった

その人々を征服して国民に加えた倭人は、本シリーズですでにお話しした通り、ギリシャ系文化と、バビロン系文化と、スキュタイ系文化と、インド系文化とをもった人々の混成集団だったが、この四者は本来みな古墳文化をもっていた。

倭の五王は四国から近畿へ侵入して、近畿の先住イナ人を支配し、その力を殺ぐために人工の山である巨大古墳を作らせた。それが仏教思想のスメラ山とスツーパを象《かたど》った前方後円墳だったのである。

だから「古墳時代」という区別は時代と人種的な分類の役にはたたない。古墳には先住民イナ人やヤオ人のものと倭人のものとが、後世になると「同時に」入り混じっているからである。様式にさまざまな種類があるのはそのためで、すべてを「単一民族」のものとして、墳形や棺の形や材料などで時代区分をしてきたのもまたすべて誤りである。

「聖徳太子は四天王寺を難波の荒陵《あらはか》につくった」という記事が『日本書紀』「推古天皇紀」にある。これは「荒れ墓」であって、「陵」とは墓のことだということを証言している。太子は古い荒れ果てた墓地を寺の敷地にしたのである。

これは現代でもあちらこちらで行なわれている墓地の移転や宅地化である。都市化が進むにつれて、聖徳太子時代（七世紀後半）でも、墓地はどんどん遠方へ移した。こうしたこともまた奈良に古墳群が集中している理由の一つなのだ。それと同時に太子は、父・用明天皇を河内の磯長陵に改葬している。天皇の遺体は、骨だけにしてから葬るので悪臭の心配はないから「安宿」の近くに葬ったのである。

こうした改葬の仕方を「殯＝カリモガリ、またはモガリ」という。それは本来は仮に埋葬して白骨化してから改めて本葬する方法であるが、それは大王家に限っていたのではない。好きな場所に本葬することを許されなかった大王家以外の人々にとって、高地にある遠い聖地に死者を運ぶのには、輸送手段のなかった当時は、少しでも軽くすることが合理的だった。これでわかる通り、奈良は倭国領になるはるかに前から、主として大阪平野先住民たちにとっても、好都合な地理条件を備えた埋葬聖地だったのである。

結果的に万世一系を否定する「邪馬台・大和説」

ここでもう一度、念を入れて古墳について考えてみよう。

神武天皇が一世紀ごろに奈良で即位して大和朝廷を始めたのなら、これまで歴代天皇陵だとされてきたもの以外にも、相当な量の皇族や臣下の古墳が必ずあったはずだが、それは一体どこにあるのか？　古墳の年代は今の考古学では多少ズレがあるが、それでも奈良には最古で三世紀後半と見られるものしかなく、それより前の古墳は一つもない。

なぜ、三世紀より古い古墳が一つもないのか？　こんな当たり前の疑問さえ、今の考古学者は考えもしないで、頭から一世紀から奈良に「大和朝廷」があった。邪馬台国は奈良にあった。卑弥呼は奈良にいたなどと信じ、口にしているが、それなら考古学は何のためにあるのかと尋ねたい。

地図の上で簡単に計れる古墳と古墳の間隔を計ってみると、それは倭人尺ではなく、今のメートルできっかり割り切れる距離に配置されていて、それが明らかに先住民イン人の測量文化の産物だとわかる。これは何を意味しているのだろう……。

倭国時代の巨大古墳は征服者の倭王（『三国史記』が百済王として記録）が、高句麗の謀略にひっかかって巨大古墳をつくって自滅した、という記録があり、それが倭王・興だったこともすでに明らかになっているが、その場合も動員されたのは先住民であった。

しかし天武天皇以後は古墳はなくなった。これは奈良の古墳群は、少なくとも今の天皇家とは無関係なものであるという証拠で、一世紀以来、八世紀末の平安遷都まで奈良に天皇家があったとすれば、それは幾度も滅びて交替したということになる。それでは絶対に万世一系ではない。

「神武天皇以来、大和朝廷も卑弥呼の邪馬台国も大和にあったのだ」といい続けている『邪馬台国大和説』は、この通り、徹底した「万世一系否定説」なのである。

だが天皇家が沖縄〜鹿児島〜奈良と移動してきたという真相を知れば、古墳がどんなに変化しようと、そんなものは先住民の入れ替わりにすぎず、天皇家が太古から現代まで連綿と続いていることは事実であって、万世一系は絶対にウソではない。このことが理解できると、今の史家や考古学者は「故意に天皇家をウソつき、ニセ者」にしようとヤッキになって「大和説や畿内説」を唱えているのだということが、おわかりになると思う。

私は何も極端な国家主義者のように天皇家を利用したり、媚《こ》びたりしようというのではない。ただ「真実の歴史」を明らかにして、これまでの学説によって歪《ゆが》められている天皇家像を払拭し正すのが、史実を知るものの務めだと考えているだけである。

奈良とは死者の国「冥土」を意味する言葉だった

奈良が墓地地帯だったことを何よりも雄弁に証言するのは、ほかでもない、その「奈良」という名前自身なのである。奈良という文字は後世のもので、もとは「乃楽・寧楽・諾楽」と書いている。乃楽は「天武紀」の用字で、ヤマト人は大隅語だから「乃《ノ》＝ナ」。「寧はネ・ニ、諾＝ダ」だから、これはインド語の「ナラカ・ニラカ・ダラカ」に一致する。これは本来「死者の国＝冥土」のことで、「奈落・堕落」という訳語も生まれた名詞だ。

こんなにはっきり、その使用目的を明示した地名をつけたのは、その命名者がインド系の仏教国・倭国政権だったことを示している。倭国は卑弥呼時代から「鬼道＝仏教＝鬼（死者）を仏とする道」の宗教国家だった。

「ナラカ」とは、その土地のもつ特性と聖地であることを、誤解したり他用途に転用したりしないように明示した、今なら「国立公園」のような、特殊な地域を示す明確な区画内の名前だったのだ。

だから天武天皇以後にはじめてそこが都になり、さらにそれが永続することになると、その縁起でもない本来の意味を嫌って、幾度も文字を変え発音を変えた。『新唐書』では国名を日本に変えたことを「悪い文字を憎んで」と書いているが、あれと同じことである。

だから「諾楽・寧楽」などは、文字を感じの良いものに変えてみた結果である。しかしそれは方言によって読み方を「ダラク・ネラカ」などと変えてみても、結局「ナラク・ナラカ」のイメージは拭えない。そこで省略して「ナラ」にしてしまった。それが今も使われている「奈良」という当て字で、それは元もと「楢《ナラ》」の木のことなのである。

そこが本当に一世紀からの「都《みやこ》」だったのなら、ナラカといったそんな嫌な名は絶対につけないし、そこに古墳を大量に造りもしない。『日本書紀』にあるように、「上の宮＝倭＝ウワイの宮」「高津の宮」「大津の宮＝ウツノミヤ＝宇都宮」といったふうな名が自然についた「宮号」のある地名が後に残る。

だから天武天皇は、縁起や土地柄などといったことなど構ってはおれなかった。安全第一だったのである。以後、七九四年に桓武天皇が京都に遷都するまで「奈良の都」という変質的な都が続いたが、それは五彩圏連邦をつぶして、初めて統一単独政権「日本国」を作り、完成した天智〜天武天皇の仕事が、いかに危機一髪の危険な「賭け」だったかという真相を、その「奈良」という二文字でこんなに詳細に記録しているのである。

奈良に逃げこんだ悲劇の女帝・皇極天皇の仮住い

天武天皇は自業自得で奈良に都をおいた。だがそれには先輩がいた。その直前にも同じ危険にさらされた女帝が奈良へ遷都？した。それは皇極（斉明）天皇だったのである。

倭国連邦はその四囲を四神の色の国で固めた五彩圏連邦を形成していた。その皇帝・舒明天皇が高句麗の泉蓋蘇文《イリカスミ》（蘇我入鹿のモデル）に殺されたとき、その皇后だった皇極天皇が「小《お》墾田《わりだ》の宮」に移ったと［皇極天皇紀］十二月の部分に明記してある。

その皇居がどんな状況だったかを、その下に小文字で書いた「割り注」が教えてくれる。「ある本に、東宮の南庭之権宮《のごんぐう》に遷った、と書いてある」とある。「権宮」というのは「仮の住い」ということである。東宮とは皇太子のことだから、これは皇太子も一緒にそこへ引越して、皇太子の家の南側の庭に建てた仮ずまいに住んだ、という意味である。

そこが正式の宮殿ではなくて、粗末な建物だったことは、その遺跡はすでに発掘ずみで、はっきり「小治田《おわりだ》の宮」と書かれた遺物が出土していることでも確認できる。そこからは、かつて空想されていたような、大極殿などの、ヤマト朝廷にふさわしい豪華な宮殿跡などは全然出土していないから、この「割り注」記事の正しさが証明されたのである。

そんな宮跡しかないことが、奈良には「神武天皇以来、長く続いたヤマト朝廷」などなかったことを証明している。かりに舒明天皇が、その奈良で殺されたのなら、皇極皇后は同じ奈良に逃げても大した効果はない。むしろ豪華な皇居にいたほうが、そんな急ごしらえのバラックより安全なことは誰が考えてもわかることだ。

朝廷は、三世紀の卑弥呼当時でさえ宮室楼観城柵を「厳に＝豪華に」建設していた。だから七世紀後半の大帝国・五彩圏連邦皇帝の皇居ともなれば、もっと立派なものだったに決まっている。お粗末極まる小墾田の宮などとは比較にならないほど、守りが堅かったことはいうまでもない。それを捨てて奈良に逃げた理由は、天武天皇が考えたのと同じく、そこが隠れ家が容易に見つからず、また攻めるのに困難な、遠く離れて不便な山の上の、荒れた「ナラカ」だったからである。

皇極女帝のこの記録は、連邦皇帝が殺された直後のものだとわかっているのだから、女帝もまた天武天皇同様、身を守るために仕方なく、都をあとにして遠い奈良に逃げこんだのである。このことが、それ以前の朝廷は奈良以外の土地にあったことを、はっきり立証している。もう一度繰り返すが、連邦皇帝の皇居が奈良にあったのなら、彼女は逃げ出さなかったか、逃げるのなら、もっと奥深い吉野へ逃げたはずである。またこの小墾田はまだ都でもないが、それ以前にも奈良には都の遺跡などまったくない。

最初の「奈良の都」に建った新宮は粗末な板葺きだった

翌年四月、飛鳥に「板蓋《いたぶき》の新宮《にいみや》」が完成して、女帝は、やっと小墾田の権宮から移った。これが奈良県下で最初の倭国朝廷である。だがこの「板蓋」という名前でもわかるように、小墾田の宮は板葺《ぶ》きですらない茅《カヤ》葺きの農家のようなものだった。そして新宮もせいぜいが戦後の焼け跡に建った「コケラ（木片）葺き」程度の家だったのである。

そして、いわゆる「大化改新」は、その一四カ月後の四年六月に起こったと書かれている。そこに「大極殿」と呼ばれた建物があったとしても、それがどの程度のものか、容易に想像がつくと思う。それは当然のことで、朝廷とは名のみで、殺された皇帝の遺族が逃れて隠れ住んだに過ぎない。これが女性国「小墾《ウワイ》田＝ウワイ国《ダ》＝倭国」政権のいつわらざる姿だ。

だから本当の連邦政権は、大阪の連邦政府を乗っ取った蘇我蝦夷の手にあった。その蝦夷が孝徳天皇であり、ニギ速日であったことは、もうよくご存じのことである。こちらのほうは新羅王・金春秋の天智天皇に敗れた。これが神武東征記事の中の枚方戦争だったのである。もちろん悲劇の女帝は無事ではいられなかった。天智天皇によって強制的に福岡に移された女帝は朝倉の宮で悲惨な死に方をして、倭国時代は完全に終わったのである。

天智に利用されて福岡へ連行された敗軍の女帝

彼女はしばらくのあいだは天智天皇の義母として利用された。それを物語るのは「岡本の宮」

という彼女の皇居名である。この岡本という宮の名は倭国と日本の交替という大変動期の真相を記録した重大な名前である。

それは「倭＝オ」「日本＝カモト」という文字の読み変えである。この宮名が登場する期間が天智天皇の「称制」期で、その間は斉明女帝が在位していた。「称制」というのは当時の唐の言葉で、即天武后《そくてんぶこう》が使ったものである。それは実権を握っていながら、外観は補佐役のように装って、ロボットを思いのままに操り、ロボットの同類を味方として利用する巧妙な詐術である。

天智はいきなり倭国を滅ぼしたのではなく、戦勝後も女帝を温存して利用した。

これが『新唐書』の「倭国から日本への改号」記事が不明瞭な理由である。もちろん『日本書紀』はこの事実を隠すのに使われた。だから斉明以前から岡本という皇居があったように見えるよう小細工がしてある。そのためそれは「飛鳥」同様、地名だと錯覚されてきた。

だが狭いアスカの中で転々と移転しても何の役にも立たないのと同じく、移転した先が次々に同じ名の岡本だというのも「怪談」めいて、おかしいと感じないほうが、どうかしているのである。その最初の岡本の宮は白肩の津＝新羅国＝枚方だった。

これが物語る悲劇のロマンは、あの悲惨な『天孫降臨』で敗れたニギ速日たちと磐船街道を山に逃げこみ、明日香へやっと逃げのびたものの、やがて天智軍に見つけ出された彼女は、ふたたび枚方へ連れもどされたあと、名のみの母、名のみの天皇として扱われ、やがてふたたび帰ることのない福岡への旅路に、強制連行されていったのだ。

その悲しみの足取りを、現存する「岡本」を考証しながら、たどってみよう。

1斑鳩宮＝奈良斑鳩（哮《イカル》ガ峯）。2富見＝奈良富雄（登美）。3小墾田（倭国）の宮。4板蓋の宮＝奈良明日香。5川原の宮＝奈良高市。6前《さき》の岡本の宮＝枚方市岡・本町（白肩津）。7河辺行宮＝兵庫川辺郡（福岡へのコースからみて多分、神戸市東灘区の岡本）。8石湯行宮＝愛媛県道後。9磐瀬行宮＝福岡。10後《のち》の岡本の宮＝遠賀《おか》郡。11吉野の宮＝佐賀神崎《かんざき》（上裂）町吉野。12朝倉の宮＝福岡朝倉郡。13香椎の宮（畝傍の橿原）＝福岡市。

倭の発音がウワイから変わったのは唐代から

といっても、倭国の残党は四方に散らばって再起を夢みていた。その一群は伊勢に逃れていた。

『伊勢国風土記』の逸文には、神武天皇が西の宮から東の州《くに》を征《う》ったとき、「天津のかたに国あり、平らげよ」と天皇に命令された「天の日別のミコト」が、紀州の熊野から東へ数百里行くと、伊勢津彦という名の神のいる土地があった。

日別のミコトが「国を天孫に奉れ」と迫ったが、伊勢津彦がきかないので、兵士に命じて殺させようとすると、やっと恐れて「国は譲って他国へ移るから生命は助けてくれ」といって、その夜、大風と大波を起こして、太陽のように輝く船に乗って、海上を東へ去った、と書いてある。

敗北した倭国人の伊勢津彦が逃げた先が、どこだったかは簡単にわかる。それは伊勢の対岸が「尾張」だからだ。それは「ウワイ＝倭」と同じ国名だからである。だが「倭」の文字は当然、日本政権によって消されて、尾張の文字だけが定着した。発音もウワイが消されて「オワリ」が定着したのである。

先の安宿《アスカベ》の記録と、この国名とで「ウワイ」と「オワリ」の関係は、疑問の余地が残らないように、きっぱり謎が解けたはずである。

こうしたことは、中国が唐の時代になって「倭」の字の正式な発音が「ワ」に変わる以前には、「倭」の字の正しい発音は「ウワイ」だったという、私の発見が正しかったことを改めて立証している。そうでなければ、尾張という国名が生まれなかったからである。だが、それは尾張だけでなく、まだまだ多くの地名が、それが真実であったことを、声をそろえて証言しているのである。

それは「小墾田」の地名もまたそれを証明していた。それを詳しく分解してご説明すると、「小＝オ＝ウ」「墾＝ハリ＝ハイ＝ワイ」で、これも大隅語の「ウワイ」に対する当て字だった。最後の「田」は国を意味する「ラ」が、「ダ」と訛ったものへの当て字であり、その「ダ」の発音を、純粋の河内語や和歌山語を話す人々は「ラ」と発音する。彼らは今も「ウドン」を「ウロン」と発音しているのである。

だからそれは倭国の首都の名ではない。それは従来信じられていたような一地名ではなくて、「倭国」というれっきとした「国家の名」だったのである。国名そのものだったのだ。

先にお話しした「小治田宮」と書かれた出土品は、文字が墾と治との違いはあっても発音は同じで、「オハリダ」などと発音されていたのではなく、ともに「ウワイ・ラ」と発音されていたのである。これを早口でいうと「ウワラ」である。これに対する当て字としては、「大和国＝ウワラ」、「大倭国＝ウワラ」が合う。ただし、あとのほうは唐の発音が日本に入ったあとの六七〇年以後のもので、それまでは「倭」は「ワ」という発音をもっていなかった。すべて「倭」一字で「ウワイ」または省略形の「ウワ」と発音されていたから、倭国時代には耳にすることはできなかったのである。

ウマシ・馬子は倭の王または王子を意味する

ウワイはもともと「憂婆畏＝ウバイ」が訛ったもので、そのウバイを「ウマイ」と発音する人々もいる。これは「旨い」と同じで、古代語なら「ウマシ」である。

だから「ウマシマジ＝宇麻志麻遅（記）・可美真手（紀）」のウマシも、馬子のウマシも結局は「倭の王または王子」を意味していたのである。これはまた「倭＝馬」だったことも教えてくれる。倭国が大阪百済だったことは疑いの余地がないが、それは朝鮮百済が三世紀に「馬韓」とよばれていたこととも、大阪の河内湖北部の重要地域が「茨田＝マンダ＝馬国・茨田＝マッタ＝馬国」という地名をいまに残していることとも切り離せない。

これは「なぜ滅亡当時の倭国は百済だったか？」という謎に完全に答えてくれる。それは卑弥呼時代の三世紀当時から一身同体の関係にあったのであり、朝鮮百済の前身である馬韓は、現在でこそ外国である朝鮮半島にはあったが、当時の実情は、ただ対馬海峡に隔てられているだけで、別の国だったわけではない。

その一例は半島から見れば対岸である九州北岸に、三世紀に実在していた末盧国は、今の佐賀県と長崎県の松浦で、発音は「マッラ」。これは「馬津国＝馬の国」ということで、馬韓と全く同じ内容の国名なのである。

だから日本と朝鮮の関係は、一つの国の中の別の地方に過ぎず、今なら本州からみた四国や北海道のようなものだったのだ。こうわかってみると、馬韓の地名が日本語だったり、高句麗の壁画にある人物が日本人と同じミズラ髪を結っているのは、ごく当たり前のことなのである。

倭国は男性仏教徒と女性仏教徒のペアの国

だが、これらがすべて「優婆畏＝ウバイ」から分かれた国名だったとすると、最後にもう一点だけわからないことがあると思う。それはこの優婆畏とは「女性の仏教徒」を意味する代名詞のはずなのに、なぜ、舒明天皇や孝徳天皇のような男王が治めていたのか？　という一点なのである。それに答えてくれるのもまた「大阪・大坂」という地名なのだ。

優婆畏とは女性仏教徒を意味する代名詞で、これと一対になった男性仏教徒を意味する代名詞は「優婆塞＝ウバサカ」と書く。この三字のうち、前の二字の「優婆」は「倭」という当て字と同じなのだから、違うのは終わりの「塞」だけである。だから「倭塞」と当て字しても同じことなのである。

「倭」の南中国語発音は「ゥオー」で私たちが発音すると「オー」である。だから「倭塞＝オーサカ」になる。大阪・大坂は、それに対する当て字。それはもともと「優婆塞＝男性仏教徒を意味する代名詞」だったのである。

これで、なぜ、舒明天皇や孝徳天皇のような男王が倭国を治めていたのか、おわかりいただけたと思う。それは同じ倭国でも、男性信徒の国の方だったのである。それは斉明天皇たちの治めた女王国の倭国＝ウワイとは、厳密にいえば別の政権だった。もっと正確にいえば、倭国そのものが、男王の治める「大坂国＝優婆塞国」と、女王の治める「優婆畏国」とに分かれていた。しかしそれは一身同体で、支配する対象が男女に分かれていただけである。

これは女性の人格を男性と対等に扱うもので、性ハラスメントのない優れた政治体制だった。倭国とはこの優れた男女セット政権を中心にした連邦だったのである。

五彩圏連邦の中心に位置した「倭国」

これで五彩圏連邦の中心だった倭国のことが、さらに詳しく明らかになった。

過去に『日本書紀』の記述通りに「大化改新」と信じられてきた事件が、実はまったく予想外の、大阪大戦をクライマックスとする倭国滅亡・統一日本誕生の大変革だったことは、すでにこれまで大量の証拠を検討して、それが事実だったことは疑う余地がなくなった。

ではその時、滅びた倭国とはどんな国だったのか？

卑弥呼時代の記録『魏志倭人伝』に続く、倭国のはっきりした史実は『宋書・倭国伝』が確かな記録を残している。そこには四二一年から四七八年までの歴代倭王の名乗りが記録され、最後の四七八年に倭王・武が宋あてに出した手紙の文面まで収録されていて、歴代の倭王が何をしたか、当時の属国はいくつあったかなどを、地域と数字をあげて説明している。

従来、日本では古代の天皇たちの名は「和風諡号《しごう》」と呼ばれて、天皇が死んだあとにつけた「贈り名＝諡号」だとされていたが、私が「言語復原」のシステムを使って、それが「名乗り」だと発見することができたのも、この倭王の名乗りが記録されていたお陰だった。

それははっきり「倭・百済・新羅・任那・加羅・秦韓・慕韓・七国諸軍事・安東大将軍・倭国王・武」と、領地の名を並べた「名乗り」になっており、天皇たちの名もこれと同じく、領地名の略字がならんでいる事実を、見抜くことができたからである。

倭国が征服した朝鮮の九十五ヵ国

初期の五王は日夜、鎧《よろい》かぶとに身を固めて、山越え、川越え、ゆっくり休む暇もなく、東は「毛人の国」五十五カ国を征服したというふうに書いている。だから少なくとも倭王・讃の時の四二〇年ごろまでは、日本列島の「東」の地域には「毛人」たちが住んでいて、五十五小国を形成していたことは疑いない。

では、その「東」とは、日本列島のうちのどこをいうのだろう？　それはこうすれば正確にわかる。

武はそれに続けて、「西服衆夷六十六国」「渡平海北九十五国」と書いている。日本列島の北は青森まではずっと陸続きだから、「海を北に渡って、海北九十五カ国を平らげた」というと、今の北海道のことのようにみえるが、北海道が日本の政権下に入ったのは、はるかに後世のことであることと、当時九十五もの国があったという遺跡もない。

また当時の「国」のサイズは、今の町村程度のものだったことも、あらゆる証拠がそろっているから、「海北」を北海道とすると、本州の五十五カ国はあまりにも少なすぎる。そして本州が「東」なら北海道はその延長線上にあるとみるのが普通だから、わざわざ「海北」という区別をすることもない。また当時の経済状態からみて、極寒地で得るところのない北海道を取ってみてもはじまらない。それにまた大軍がそんな遠隔地で戦うには、大変な補給軍団が必要だ。馬も車もろくにない当時、それほどまでにして北海道を取る必要はない。

こうして疑問点を拾いあげていくと、「海北」はどうしても北海道ではありえない。他に該当する地域を捜さねばならない。

だが他にそんな土地があるか？　これまであげた条件のすべてを満たす地域が、本当に「海北」と呼べるところにある。それは朝鮮半島である。さらにそこには『魏志東夷伝』が、ぴったり九十五カ国あったと記録しているし、『三国史記』［地理志］の古代地域名によっても、それが事実であることが確認できる。なにもむずかしく考えて北海道をもちださなくても、答えは誰が考えてもわかる常識的なところにあったのである。

倭王・武の拠点は九州東部だった

こうして「海北九十五カ国」が朝鮮半島のことだとわかると、それは何を証明しているかがわかる。朝鮮半島を「海北」と感じる「視点」は九州のものだということである。仮に当時の武王が奈良にいたとすれば、朝鮮半島は正確に「西」の国であって、武が「海北」と書くことは絶対にない。だから武の視点が九州にあったことは動かない。

しかし彼の名乗り「武」は、高知の読み替え音「タケチ」や、奈良の「高市＝タケチ・タケシ」や「タカ＝大和」を意味している。ということは、その手紙に書かれた「視点」は、彼らは九州出身で、もと九州にいた倭王・讃以下が次第に東・西・北と侵略を進めたのだ、という説明のための視点であって、いま九州に都しているというのではない。

さらに注意がいるのは「西」である。視点を九州だとすると、それより西は海であって、国はない。とすれば、この「西六十六カ国」は九州の中にある。そしてそれを西と呼んでいるのだから、武の視点はさらに詳しくわかる。彼は東九州から世界を見ている。だから倭国は東九州から拡大していったという史実の説明になっているのである。

これは倭国が神武天皇に始まるヤマト朝廷だとみても、倭王・讃の四二一年までは九州が拠点で、四七二年の武以前には奈良県内には倭国の都はなかったという動かない証拠である。また いまだに、あなたが関心をおもちの「邪馬台国・大和＝奈良説」もまた、こんなに周知の記録を見落とした空想説であって、とてもまともに論争するような説ではない。

「名乗り」が物語る倭国政権の発展

倭王・武が、その九州西部を「衆夷」と呼んでいることで、彼も九州人ではあるが、かつて三世紀に卑弥呼政権を倒して九州連邦に君臨した垂仁天皇＝高句麗王・位宮の邪馬壹国政権ではなく、その敵だったことがわかる。「倭国」という国名も、卑弥呼政権側の「倭」であって、垂仁天皇と堂與側の「日本＝新羅」ではなかったことを証言している。

では武はなぜ、高市の名乗りを名乗ったのだろう？　その答えはあとの四人の倭王の名乗りを検討してみると、誰が考えても合理的な地名の名乗りになっていて明快にわかる。

最初の讃と書かれた王名は「讃＝讃岐＝讃王」で香川王を意味し、つぎの珍は「チヌ＝茅沼」で大阪南部の王を意味し、次の済「＝百済」は大阪北部の王を意味し、次の興「＝河内・高市」

は大阪東部から奈良にかけての王ということで、次第に四国から大阪・奈良へと勢力を拡大していった「歴史記録」になっている。もちろん五人とも、他はほとんど同じ名乗りをもっているから、これはその王が新しく領土に加えた地名である。それらの合計が、五五＋六六＋九五＝二一六カ国あったのだ。

これで武・当時の倭国が九州から奈良の一部までと、朝鮮半島全域を傘下に収めていたことが、はっきりわかる。だが名乗りをみると「…倭・百済・新羅・任那・加羅・秦韓・慕韓・七国諸軍事・安東大将軍・倭国王・武」と書いているから、その連邦はアメリカの州のような七つに分けたブロック国の連邦であって、彼が直接支配していたのは倭国ブロックだけで、あとの国々から見れば名目的な連邦皇帝または大統領にすぎず、ただ「七国諸軍事」という、今の国連軍総司令官のような指揮命令権だけを確保していたのである。

その連邦は西の平戸から福岡（白日別＝新羅）までの［白］、東の阿波から大坂の［青］、北の高麗（クライ＝高句麗）の黒、秦韓（＝のちの新羅）慕韓（のちの小国百済）の［韓＝カラ＝黒］、そして南の奄美大島（＝淡島＝阿和島＝アカ島）の［赤］の五彩圏を形成していた。

倭国は倭《ウバイ》・女王と、倭塞《ウバサカ》・軍事王との仏教国だった。この倭塞を後世に「オーサカ」と読んだことから大坂という地名が定着した。「塞」には「サイ・サカ・サク・セク・ソク」などという発音があるため、アショカ・オシャカ・ソナカと複合して「阿塞」という当て字を生み、それが小《お》坂・浅香・浅井・阿蘇谷《がや》・阿蘇我などを生みだした。その阿蘇我を沖縄系の人は「アスカ」と発音したが勝者は軽蔑して、敬称でもある「阿」を取り去って「蘇我」と記録に残した。だから倭国と大阪とアスカと蘇我と孝徳朝を切り離すことはできない。

【第七章】

倭国政権の残党は東国へ逃れた

俀国は倭の五王が治めた倭国の通称

歴代倭王の名乗りが記録された『宋書・倭国伝』の宋は、中国史では後世の九六〇年から一二七九年まで続いた同じ名の「宋」と区別するために「劉宋《リュウソウ》」と呼ぶが、武が手紙を送った翌年の四七九年には滅びてしまった。四二〇年に建国してからちょうど六〇年の寿命だった。

その「劉宋《リュウソウ》」は代々、冷酷な殺人鬼の王ばかりが続いて、とうとう最後の順帝は右衛将軍・蕭《ショウ》道成に王位を追われ、国は「斉」になった。廃帝は「もう一度生まれかわっても、絶対に天王の家には生まれたくない……」と泣いたが、間もなく殺された。しかし成上がり皇帝の道成も四年後には死んで、あとには「太祖高帝」の空名だけが残った。

その斉も六代・二八年で後周に滅ぼされ、その後周の最後の王・静帝は幼児だったので、近臣らが静帝の母の父・楊《ヨウ》堅を後見にした。楊は自分で勝手に大丞相《タイジョウショウ》に就任し、さらに相国《しょうこく》・隋《ズイ》王に自任し、それでも満足できずに、結局、静帝を皇帝から一介の貴族・介公に落として、国名を「隋」に改めて、自分が皇帝になる。だが天罰は恐ろしい。今度は自分が息子の煬帝《ヨウダイ》に殺されてしまった。

その煬帝も軍事大国化を焦って西に東に侵略を続けた結果、高句麗侵略に二度失敗して敗れた。それにもかかわらず、困窮している国民を無視して、都の東京《トウケイ》にぜいたくな宮殿を建てたりしたことから、やがて全国的に大暴動が起こった。

各地の国民は憎悪の的だった汚職で肥え太った知事や官吏を虐殺し、中国始まって以来最大といわれる大乱になったため、煬帝は楊州に逃れたが、そこで信頼していた側近にしめ殺され、一族も一人残らず一掃されて血統は完全に絶滅した。隋とはこんなふうにして生まれ、滅びた国なのである。

その歴史を書いたのが『隋書』であって、その中に近隣諸国のことが書いてあり、そのうちの［俀《だい》国伝］に、『宋書』の時代に次ぐ日本列島の記事が載っている。それにはちょうど四国の大きさの国として俀国というのがあり、そこへ隋の文林郎という小役人の裴《ハイ》清（裴世清）が小野妹子に案内されて来て、宇和島にあった都で歓迎されて帰る。

なぜ宇和島だったとわかるかといえば、彼が報告したコースと、途中通った国名と数とが少ないので、それは奈良や大阪のような遠方ではなく、福岡からの距離がごく近いとわかるし、それらの地名から宇和島が割り出せるからである。

そして宇和島は「大倭之国《ウワシマ》」（『隋書』が書かれた唐《トウ》代には倭は「ワ」という発音に変わった）

を沖縄～大隅語で「ウワシマ」と発音するのと、ぴったり一致する。さらに『日本書紀』はこの裴清来朝記録を「推古天皇紀」に詳しく残しているが、それは天智天皇が倭国を滅ぼす以前の記録だから、間違いなく倭国時代の出来事なのである。

ではなぜ「俀国」と書かれているのだろう？　『隋書』に「新羅・百済、皆、倭を大国となす」と書いてある。当時の「大」は支配者を意味するから、これは各国が宗主国と仰いでいた五彩圏連邦の「皇帝国」だったために、それを「ダイコク」と呼んでいたということなのである。裴清はそれを耳で聞いて、その発音通りに「俀国」と当て字したのだ。

「ダイコクさま」と呼ばれている「大国主《おおくにぬし》のミコト」と仁徳天皇の話が同一であることは多くの傍証で疑いの余地がない。仁徳天皇は倭の五王だから「俀国」が倭国で、天智天皇に滅ぼされた倭国と同じ国であることは間違いない。

大阪北部を支配していた倭国王・蘇我稲目

では、倭国王として君臨していた「蘇我稲目」は、どういうことになるのだろう？

彼は間違いなく「倭国」の王であって「イナ国王」ではなかった。それは彼の直接の先祖である倭の五王の名乗りの、最後に書かれた「個人の識別名」を考えてみればわかる。

　讃・珍・済・興・武というのは、彼らがいちばん新しく手にいれた領土の名だった。だから「稲目（イナマ）」も「イナ国（マ）」を領土に加えたという、誇らしい名乗りだったのである。その「イナ国」は、彼のすぐあとの天皇が「天萬豊日＝孝徳天皇＝蘇我蝦夷」で、その天萬・豊日は「テシマ＝豊島」という国名を二重に重ねたものだとわかっているから、大阪府のもとの豊島郡のことだと、その郡にあった都の長柄《ながら》豊碕の宮が証明している。

　そうすると稲目の「イナ国」は、その大阪府の昔の豊島郡（現在の大阪市北部と豊中市、箕面《みのお》市、池田市、茨木市、兵庫県伊丹《いたみ》市の一部を含む地域）の、すぐ北に隣接している「古代・稲国（イナマ）」すなわち大阪府の箕面市から兵庫県の猪名川町を中心とする一帯以外には考えられない。この蘇我稲目と孝徳天皇との二つの名乗りは、彼らが大阪北部を本拠にしていたことを、互いに証言しあっているのである。

　それと同時に、稲目が新たに獲得した領地が、先住民「イナ人」たちの土地だったということもわかる。その先住民を倭王・武は「毛人」と書いていた。だから「毛人＝イナ人＝殷人」だという公式が成立する。

　その毛人は以後、孝徳天皇の国民として仕えていたことも見逃せない情報である。それはなぜわかるか？　孝徳天皇の別名は「蝦夷」だったが、それは今でも「毛人」と同じ意味、同じ発音で「えみし」と読む習慣を残しているからである。

大阪大戦に破れて東国へ亡命した倭国政権

こうした「名詞による謎解き＝言語復原」は、さらに倭国政権が敗戦後どこへ落ちていったかも教えてくれる。それは近畿以東に、逃げこむのに好都合な山岳地帯があり、そこに彼ら、倭国王の名乗りが、そのまま今まで国名として残っているし、天智天皇はその逆襲に備えて、滋賀県の大津に拠点を移したからである。

「イナ」はいまも長野県に残っている。そこは地域的にみて、敗戦者が逃げこんだ跡とするしかない不便で、寒い、辛うじて農耕のできる盆地である。

するともう一つ、似た条件の、イナよりもっと適切な国名がある。「甲斐」だ。

この国名ははじめ「甲」だけだったが、『続日本紀』［和銅六年（七一三）五月二日］元明天皇が勅命を出して「畿内、七道諸国の郡郷の名は、好い字をつけよ」と命じたので、新たに「甲斐」という二字に改められたのである。

しかし「甲」一字でもやはり「カイ」と読む。これは「鎧＝甲羅・貝」という意味だが、地名としては発音に意味があって、鎧とは無関係である。当時「カイ」という発音が意味している語源は「蝦夷」以外にない。そこが山岳地帯で、倭国政権の逃亡先の一つだったから、外部のものが「カイの国」と呼び、同じ発音で簡単な文字「甲」を当てたのだ。

最初は、この「甲」一字で国名だった証拠はまだ他にもある。それは首都の名が「甲府」だということである。それは「甲の首府だ」という意味である。もとから「甲斐」だったのなら、それは「甲斐の首府」だから「甲斐府」でなければならない。

そのカイは孝徳天皇の「軽の皇子」という「軽」の鹿児島発音「カイ」であるから、甲斐の国＝いまの山梨県は孝徳天皇一族の亡命地だったのである。もっともこちらはさらに追われて、茨城県の鹿島などにも孝徳天皇関係の多くの伝承を残している。

これも「カイ・之国＝カイシマ」が「鹿島」と当て字された可能性を思わせる。こうした地名の移動拡大を次々に調べて、その移動方向と時代を検討していくと、倭国が東国に逃れて移動していった状況と、それを追って次第に日本列島全域がヤマト朝廷政権の傘下に入っていった状況が読みとれる。しかしここでは、大阪大戦に敗れた倭国の残党が、どういうコースをどこへ逃れたかだけをみてみよう。

東国にみる倭国政権移動の痕跡

平安前期の一〇世紀半ばに源順《みなもとのしたがう》が編集した『倭名類聚鈔《わみょうるいじゅうしょう》』は、当時の全国の郡郷の名を記録している。それをみると「甲」は甲斐へ行く前にまず滋賀県の「甲賀郡《こうかぐん》」へ行き、三重県志摩の国の英虞《あご》郡の「甲賀」へも行っている。

甲斐（山梨県）以後は、地名としてではなく、集団名としての「蝦夷」がついた「蝦夷地《えぞち》」という地域名がはじめは関東、次いで東北地方を北上して、近世になって北海道を指すように変化したから、『倭名類聚鈔』ではわからないが、今の私たちにはそれがなぜであったかがよくわかる。

こうした勢力集団の移動または発展は、同じ地名が次第に広がり、遠く離れた地点に分布していることで記録されている。一〇世紀以前のそうした地名分布は、余程の政変による大移動がなければ起きないから、大半がこの倭国勢力の逃亡移動だとみていい。それはこれまでは、白村江の敗戦で滅びた百済と、それに続いて進行した唐と新羅による全朝鮮半島統一によって滅亡した高句麗との難民を、持統天皇が元年三月に帰化した高麗《こま》人を常陸《ひたち》の国に土地を与えて住まわせた、というような『日本書紀』の記事によって、関東各地にある高麗郡などが生まれたものと錯覚していた。だが今ではそれらの記事は大戦以後の政界の大混乱を覆い隠すための「辻褄《つま》合わせ」のための記事であることは明らかである。なぜなら、当然大量に逃げて移動したはずの倭国人とその同盟軍である高句麗軍の動向については、『日本書紀』は一切、口をつぐんで何一つ真相を書き残していないからである。

しかしそれでも関東に現実に存在する半島からの移住者によって、いつかは必ずその秘密がばれる。それを避けるために「一種の弁解として」そんな記事をわざわざ、挟んでおく必要があったのである。

それらの倭人が落ちのびた先に政権を建て、そこに懐かしい故郷と同じ地名をつけて地方自治を行ったのである。その地名の由来を一つ一つ説明するページはないから、参考のためにあげておくだけにするが、それがどこからきた地名か、ある程度おわかりになるはずである。

近江の国…甲賀、愛知、犬上。
尾張の国…美和、志摩、日置、穂積、池田、山田、山口、但馬、丹羽、愛知。
駿河の国…河内、桜井、額田、新城、鴨田、賀茂、山田、美和、養父。

遠江の国…尾間、長田、河辺、壹志、伊筑、曾能、山香、久米、豊国、山田、山名、佐野。

美濃の国…有田、石津、池田、春日、三井、出石、片野、美和、川辺、志麻、賀茂。

信濃の国…伊那、美和、山鹿。

甲斐の国…八代、多良。

相模の国…大住、尺度、高来、日田。

武蔵の国…石津、勢多、布久良、高田、橘樹（たちばな）、豊島、荒墓、山田。

安房の国…平群、達良（たたら）、白浜、日置。

上総の国…江田、山田、福良、甘木、山名、額田、勝部、山辺、岡山、山口、片野、讃岐。

下総の国…豊島、八代、茨城、玉作。

上野の国…那波、勢多、佐位、山田、邑楽（おはらき＝イバラキ）、長柄、園田、池田、疋太。

下野の国…安蘇、河内、石上、財部、三和。

常陸の国…博多、佐野、河内、信太、高来、志萬、島津、茨城、佐賀、白川、立花、大津、八代、松浦、川辺、阿波、美和、山田、高市。

出羽の国…河辺、田川、屋代。

陸奥の国…耶麻、安積、行方、宮城、賀美、志加麻、玉造、新羅、河辺、白河。

「倭の五王」以前の倭国と毛人国は別の国だった

先に鹿児島語では「カイ」は「ケ」と発音するとお話ししておいた。だから「甲人・甲斐人・蝦夷人」は「カイ人」であると同時に「ケ人」なのである。同じものが「毛人」と書かれた理由が、おわかりいただけたと思う。

すると日本史にとって大層重要な事実が幾つもまた明らかになる。それは「蝦夷」も「毛人」も両方とも、なぜ、文字と無関係に「エミシ」と発音されてきたのか？　という「古代史」と「古代語」とにまたがる謎が、ここで完全に解けるからである。

蝦夷が「エミシ」と読まれるようになったのは、「カイ」と呼ばれた人物が「大国《ウマ》」王または王子になったから「大国子＝ウマコ」と呼ばれ、それに「得目子」という当て字が使われたことから「ウマコ＝エミシ」という呼び名が発生した。

これが「蝦夷」という「カイ」に対する当て字も「エミシ」と読ませることになったのである。そして「カイ」が「毛人」だから、「毛人」と書いてもまた「エミシ」と発音されることになったのである。

だがここで注意がいる。それははじめの方でお話ししたように、倭の五王の時代には、「東・毛人・五十五カ国」を「征服」したのであって、それまでは「倭国」と「毛人国」は別の国であり、別のブロックを形成していた。五王がそれを一つの五彩圏連邦の中に統一したのである。だからそれ以後は「毛人」ではなくなったはずなのに、七世紀になってまた、改めて「毛人」が登場してくる。しかもそれは「蝦夷」の別名になっていて、文字は同じでも、発音は「ケ人」ではなく「エミシ」に変わっているのである。

アイヌ人は倭国を支配していた人々の子孫

そしてその「エミシ」は敗北した元倭国連邦皇帝の名乗りである。それだから、蝦夷と毛人が双方とも「エミシ」と読まれるようになったのは、七世紀以後のことであって、倭国連邦時代にも、それ以前にもなかったことなのだ。

だとすれば、従来、「蝦夷も毛人もエミシと読む。それは［アイヌ人］のことだ」といって、それが縄文時代からの固有名詞だと信じ、教えてきたのは、完全に間違っていたことがわかる。そればかりか、それが本当にアイヌ人を指すものかどうか、改めて検討し直す必要が生まれた。

まずその名から確かめてみよう。

そのアイヌ人は、サハリンでは「エムチュウ」という、エミシから変化したとしか考えられない別名をもっている。だからアイヌ人はエミシと無関係だとは考えられない。

「人」という意味の言葉を「チュウ」という発音で表現するのは、沖縄語の特徴である。彼らは今でも鹿児島人のことを、「ヤマト・ン・チュウ」と呼び、日本人という意味で「ウフ・ヤマト・ン・チュウ」と呼ぶ。

だから「エム・チュウ」とは「エミシ」を「エムチ」と訛ったものに、その「チュウ」が重なって、「チ」を一つ省略したものなのである。

するとサハリンは沖縄語を話す人々の居住地だったことがわかる。そしてそこのアイヌ人は皮革鎧を古代から使っている。この鎧は一見して南北朝時代まで使われていた挂甲《けいこう》鎧だとわかる。こんなふうにアイヌの人々は倭人と重大な関係をもっている。

あの福岡県志賀《しか》の島の金印の主「漢《は》・委奴《いぬ》国王」を指すとみられる「羽犬塚」という北部九州の地名が「アイヌ塚」に近いことも無視できない。邪馬台国と称する「吉野ガ里」も本当の古代発音は「エヌが里」であって、「イヌ」という発音の訛りである。こうしたものがすべて、アイヌ人と倭国が切っても切れない関係にあったことを物語っている。

また日高の地名と姓は南西諸島にいちばん多く、次第に関西に広がり、関東東北に分布し、北海道にはいる。北海道ではアイヌ語への当て字ということになっているが、ピタカという発音は卑弥呼時代のものに最も近い。地名といえば「釧路《くしろ》」はいかにも北海道らしいと思われている地名である。しかし「クシロ」は、七世紀の豊日の国の西端、伊丹市に現存する地名「久代」と全く同じ発音なのである。

とすれば、これまで完全な異民族として扱われてきたアイヌの人々は、実は倭国の中枢にいた人々の子孫である可能性を否定できなくなる。倭国滅亡に関わる真の最大の謎が、そこに秘められているということをご記憶いただきたい。

東北地方に一大強国を建設した倭国人

倭国の移動が一気に北海道まで進んだとは思えない。それは東北に、より強大な国として栄えたであろう地名や姓を、濃厚に残しているからである。その第一は「陸奥」という国名である。これは「むつ」「みちのく」「みちのしり」と読むことは知られているが、どれもがその漢字とは馴染まない読み方である。だからこれもヤマト政権がむりやり変えた発音である。なぜ、変える必要があったのか？　この謎を追ってみよう。

奥州というのがその略称だが、これは「オウシュウ」と読む。だから陸奥は「リクオウ」である。この「リク」は鹿児島語なら「琉球」のことだから「琉球王」になる。また沖縄語なら「オウ」は「ウ」だから「リクウ＝琉球」なのだ。

こう説明すると「コジつけだ」と思うかたもありそうだが、この「リク」という発音が正しいという証拠が残っている。それは陸奥を、文字とは無関係に「ムツ」と発音していることである。ムツとは一体なんのことか。それは数字の「六」のことである。その六の古代発音はロクではなくて「リク」だった。だがリクでは琉球だとすぐわかるから「ムツ」と読ませるように強制したのである。またリクアウと書けば「六合」とも一致する。

では「ミチノシリ」のほうはどうなるか。これは漢字を当て字すると「道後」になる。愛媛県松山市にある温泉で有名な町の名と同じになる。そこは俀国が長く栄えた倭国の中心部だった。琉球から出た倭国だから、そこに当然、「リク＝琉球」という地名の町があったことは容易に推察がつく。

ヤマト政権が、四国にそんなものを残しておきたくないのは、東北のはずれの段ではない。だからリクをムツと変えたぐらいでは気がすまない。そこで陸奥を、さらに読み変えた道後《みちのしり》と当て字して、琉球の片鱗も残らないようにしてしまったのである。

東北には有名な伊達政宗がいた。この姓は「ダテ」と読むがそれは「イダテ」の省略だということは誰にでもわかる。ではイダテとは何のことか。過去には諸説あるが、ここでは手間がかかるだけなのでそれには触れない。

「イダテ」にぴったりな有名な地名がその領地の付近にある。源義経が敗れ、弁慶が死んだ奥州の首都、藤原《ふじわら》氏の本拠・衣館《ころもだて》である。そこはなぜそんな地名をもっていたのであろうか。藤原は「百済倭国」、大阪大戦で破れた倭国の正式の国名である。それが奥州に首都を構えたのだから、そこが「倭韓《かん》」と名付けられ、その館が「倭館《かん》」と呼ばれても当然である。その「倭」を「イ」と発音して、「イ＝衣」と当て字を変えれば「衣館」だ。これを「イダテ」と読んだものに「伊達」という当て字をするのは少しも不思議ではない。

アイヌ文化ははっきりと南方系の特徴をもっている

民俗学のほうからも少しみてみよう。アイヌの人々は今、北海道やサハリンにいるから、北方の土着民だと長く信じられてきたが、彼らのもつ文化をみると、それが根底からくつがえる、何よりもはっきりしているのは、本書の冒頭でお話しした遮光器土偶《しゃこうきどぐう》のような完全防寒服をもっていなかったということである。

彼らの着物は「アッシ」と呼ばれる純粋な「和服」である。日本の着物の源流なのである。それは足の脛《すね》を寒風に露出している。北方人のイヌイト（エスキモー）人のようなズボンは愚《おろ》か、下ばきさえも使わない。その材料も完全に植物繊維製で、毛皮製ではない。またその装飾文様もまるで違う。頭を包む被《かぶ》りものも、沖縄のエイサー踊りに見るインドネシアと共通のものである。そして最も極端なのが、履物である。イヌイトたちは毛皮製の腿《もも》まであるロング・ブーツをはくが、アイヌの人々は絶対にそんな長靴は履かなかった。

また早くから指摘されているものに「発火方法」の違いがある。石の表面に窪《くぼ》みをつけたものがみつかる。これは火を作るときに「火切り杵《きね》」の上部を押さえるものであるから、かつてはアイヌ人のものだといわれたが、実際はアイヌ人は、それより原始的な木に穴をあける「錐《きり》」のような「もみ錐」を使っていて、石では押さえない。だから「窪み石石器」を使っていたイヌイト人が去った後へ、アイヌ人がきたことがはっきりわかる。人類学では彼らは短頭人に属するが、それは沖縄の八重山～宮古から始まって薩摩半島～出雲～伊勢と同形である。また女性が口の周囲に入れ墨し口琴を鳴らすのは台湾のアミ人と同じだ。どれをみてもアイヌ人は南からの人で、東北・北海道に住むようになった時期は七世紀以後である。

それは歴史的にみても、天武天皇十一年に越の蝦夷が郡を作った、というのに始まって、次第に郡や国の数が増えていくのを見てもわかるし、やがて八世紀に入って反乱と討伐が始まり、九世紀初めの坂上田村麻呂の大将軍任命による大掛かりな討伐で北海道へ追いやられた経緯、またその田村麻呂も、その地域長官も、たとえば百済王・教俊といった百済系の同族出身の人物であることなど、十分にこれまでの検討結果と符合するものばかりである。

名乗りが示す移動と混乱の状況

以上で倭国人が敗戦のあと、どんな運命をたどったかという歴史のあらましを、かなりはっきりとご覧いただけたと思う。その倭国とはどうやら、あのヒミコ政権のあとか、その系統の政権であったということが考えられる。

これで次はその倭国が大阪大戦の大破滅を迎えるまでに、一体どこから、どんな歴史と道筋をたどってきたのかを、考えてみる段階に進んだ。それはこれまでの結論を整理することで明瞭になるはずである。

その都は、はじめ倭王・武の視点である九州東部の「豊の国＝大分県」にあったが、最後の孝徳時代には「豊島＝大阪府」に移動していた。

その移動の中間に、『隋書』が「俀国」と記録した宇和島（愛媛県）時代があった。その「ダイコク」という国名は「大国」という意味で、それを「ウマ」と発音していたことから、国王または皇太子が「ウマコ」と呼ばれ、それは彼らが種子ガ島を出発点とする馬韓人でもあったから、「馬子」と書かれた。その代々の馬子がコンガラがって、『日本書紀』の内容をわかりにくくしている。

たとえば蘇我馬子も得目子という当て字から蝦夷《えみし》を生んだので、馬子＝蝦夷ということになる。こうした当て字のいたずらは小野妹子《いもこ》や鞍作得志《えむし》を生み、厩戸《うまこ》＝聖徳太子、有間《うまこ》皇子、ウマシマジなど多数の当て字を生んだ。『日本書紀』はそれらをことごとく「別人」ということにして、いかにも「個人名」のように扱って、歴史を水増しするのに利用している。

だから同一人の事件が、幾代もの先祖代々の事件のように加工されている。祖父、孫、親子、兄弟に化けているのである。このことが飲みこめないと、親子関係が非常に複雑にみえて、何がなんだかわからなくなる。

地名が立証する倭国の発生と移動コース

では今度は「五彩圏連邦」消滅までの、その中央政権の歴史をさかのぼってみよう。まずなぜその中央政権が「百済《ふじわら》倭国」だったか、からみていこう。

豊日国	現代発音
トヨシマ	
豊之国	
ホ奴国	種子島発音
フドラ	大隅発音
クダラ	沖縄発音
狗奴国	『魏志倭人伝』

こうして並べてみると、それが『魏志倭人伝』の狗奴国だったことがわかる。この種子ガ島

は「豊玉姫」の神話をもっている。この名を「ホツマ」と読むと「豊津国」に合い、「豊之国」と同じになる。この豊津という地名も同じ大阪府の北東部、吹田市の西部に現存している。

また「豊津国」は鹿児島式に発音すると「ホズン」になる。その方言では「穂積・百済」もやはり「ホズン」と読む。その穂積、百済も共に大阪府下に現存する地名である。そしてなによりも豊島の名が、そこがかつて百済だったことを記録しているのである。

その百済という文字は、「ホゼイ」とも読める。豊日もホジで、ともに沖縄発音では「フジ」になる。それに「倭」の八世紀の唐時代の発音「ワ」と、古来の国を「ラ」と発音していたものをつけると「百済倭国＝フジワラ」という発音が復元できる（『ワジン』参照）。

『日本書紀』は、これまでみてきた天武天皇の事情と、それ以後の持統・元明両女帝の複雑な家庭事情がからまって、史実をそのまま書けない事情が山積していたために、当時のことをできるだけ隠すのが目的で編集された「作られた歴史」書なのである。

倭国政権の栄光と「蝦夷」の悲惨な末路

ではこれまで、時代を無視してあちらこちら飛びまわって検証してきた結果を、わかりやすく年表ふうに整理してみよう。確実な政権としての記録のあるものだけをピックアップしてみる。

三世紀　伊都国（佐賀県）に卑弥呼女王の君臨する倭人連邦の首都があったが、第一回の帯方郡使来訪のあと、魏の侵略に備えて鹿児島県隼人町に避難移動した。一方、高句麗で魏軍に敗れ沖縄へ逃げ帰った高句麗・山上王・位宮が狗奴国男王として卑弥呼政権を滅ぼし、連邦政権を取った。〔『魏志倭人伝』〕

四〜五世紀　倭の五王は次第に九州西部、海を北に渡って朝鮮半島全域、四国全域を攻め取ったが、最後の武は四七八年の手紙にそれを書き、彼の視点（居る場所＝拠点）が九州東部＝大分県であることを示している。これは後の「豊之国《しま》」と大分県が完全に同じ国名をもっていることが証拠になる。〔『宋書倭国伝』〕

七世紀初期　六〇一年隋の裴清が来る。そのコースと地名の古代発音から、首都が愛媛県の宇和島に移っていることがわかる。裴清は国名を「俀国」と書いたが、これは五彩圏連邦に君臨する「大国＝倭国」への当て字。〔『隋書俀国伝』〕

七世紀中期　連邦首都は大阪府下に移る。稲の国から豊島を取ったあと、孝徳天皇は大阪市の北部に拠点を移して長柄豊碕地区に都する。このときも「大国」と呼ばれ「倭塞＝ウワサカ」とも呼ばれていたから、その遺跡が「オーサカ＝大阪」という当て字を生んだ。「オー」は「倭」を呼ぶ南中国語にもなったほどよく知られていた。だが天智天皇と唐の連合軍に攻められて滅亡。［『日本書紀』］

六五八年〜　阿倍《アベ》・比羅《ヒラ》・夫《ブ》（天命・開・別＝天智天皇）が粛真《チクシン》（筑紫）と蝦夷を討つ。

このころ　道奥の国を新たに設置する。（『日本書紀』では大化元年になっている。）越の国に渟足《ヌソク》柵と磐舟《いわふね》柵を作る。

六七七年　天武天皇、畿内と陸奥と長門の国司だけは「大山位《ウヤマイ》」以上の高官を任命する。

六八九年　持統天皇、陸奥と越の蝦夷を沙門（僧）にならせ仏像などを与える。

六九六年　持統天皇、越の渡島の蝦夷イナリ・タケシと粛真（筑紫）のシラ守アキクサに下賜品を与える。［『日本書紀』］

七二〇年　以後、物を与えて懐柔に努めるが、反乱と服属を繰り返し、陸奥の国の蝦夷が大反乱を起こし按察使・上毛野広人を殺したので、多治比県守らを持節征夷将軍、持節鎮狄《ちんてき》将軍に任命する。以後次第に反乱の規模が拡大し全

国から柵戸（兵士）を集めて配置する。その数は、

七二二年　一〇〇〇人。七五九年　二〇〇〇人。七六八年　六五〇〇人と増加して、

七七六年　二〇〇〇〇人に達した。しかし七八九年には討伐不可能という状態になる。

七九一年　そこで政策を転換して百済王俊哲と、同じく百済系の坂上田村麻呂を起用し、七九七年には田村麻呂を征夷大将軍にして懐柔策をとる。

以後も様々な討伐、掃討が十一世紀半ばの源義家らの時代まで続けられ、源義経のときに奥州・藤原氏が滅びて、奥州の蝦夷勢力は一掃された。あくまで抵抗を続けるグループは北海道へ逃げこみ、明治に至るまで独立国として行動してきたのである。

倭国政権の末裔はこうして完全に葬り去られ、ヤマト政権の支配下に残った人々も、蛮人として差別され、残忍な処置を受けて現代に至った。高貴ともいうべき孝徳天皇らの子孫は、一三〇〇年もの間、いわれなき差別を受けてきたのである。

【第八章】

明らかになった
真実の「日本」建国史

初期の小国・日本は鹿児島にあった

では「日本国」のほうは、いつ誕生したのであろう？

国外の記録が「日本国」という国名を正式に記録に残したのは、中国の正史『旧唐書』が最初である。その時期は朝鮮の正史『三国史記』〔新羅本紀〕文武王・下に、「倭国が日本と国名を改めた」と、六七〇年のところに明記している。この年は天智二年にあたるから、倭国を「日本国」に改めたのは天智天皇なのである。

『旧唐書』は「日本国は倭国の別種なり。……もと小国、それが倭国の地を併せた」と書いて、それに続けてその「小国・日本」の地理条件が書いてある。北と東は大山で、その向うは毛人の国。あと三方は大海に面しているという。この条件に合う地形をもった土地は、日本列島中でただ一カ所、鹿児島県だけしかない。

その大きさは東西南北数千里あるという。この里は、中国の里では九州全体より大きくなるから、『魏志倭人伝』に出てきた「倭人里」である。それだと一里は約五五メートルだから、ちょうど鹿児島県のサイズに合う。

こうして地理条件だけで、『旧唐書』が記録した当時の小国・日本は、鹿児島県にあったと断定できるが、それ以外の国名、地名からもまた、それが正確であることが、大量に立証されている。

その一例をあげてみよう。「日本武尊《たける》の熊襲征伐」では、彼は熊襲タケルを討ち取って、その名乗りを譲られたのだから「熊襲タケル」と名乗らなければいけないのに、「日本武尊」と名乗る。これはなぜだろう？

これは「日・肥」をクマと発音することと「素」の字が「ソ・モト」と読めることで簡単に謎が解ける。「肥素」は「クマソ」と「ヒのモト」の両方に読める。だから「熊襲・日本」という二つの当て字は、もとは同じものだったとわかる。「熊襲」は鹿児島県あたりにしかいなかった部族だというのは常識である。『記・紀』も、こうして小国・日本は最初、鹿児島県にあったという事実を証言しているのである。

狗奴国から日の国へ

『旧唐書』以前には「日本国」の記録がないので、国外の文献では、それ以前のことは全然わからないかというと、そうでもない。好都合なことに、その鹿児島県は邪馬臺《だい》国と邪馬壹《いち》国、両国の唯一の所在地で、『魏志倭人伝』には詳細な三世紀当時の関係国名記録がある。その中に、やがて日本国に育ったとみられる国名が間違いなくある。

『魏志倭人伝』は、現在の久留米に当たる地域に「不弥国《プーミ》」があったことを記録している。クルメとプーミは、カ行をバ行とハ行に発音する方言と、メをミと発音する沖縄語との差を計算に入れると、同じ名詞だったことが、はっきりわかる。

一三〜一四世紀中国の「元《ゲン》」の皇帝・忽必烈はフビライと発音する人とクビライと発音する人がある。これはお隣りの韓国や中国では韓・漢・汗などを「カン」でなく「ハン」と発音することで、ハ行に発音するのは中国式の発音だとわかる。すると「クルメ」を中国人の魏の使者が「プーミ」と書いた理由もわかる。

当時、その地域では「クーミ=久米」と発音されていたが、後世に住民が変わって、「クルメ」という発音に変わってしまい、文字もそれに合わせて変わったと、はっきりわかるのである。このカ行とパ行とハ行との関係がわかると、標題の狗奴国と日の国が同じものだったことが簡単に理解できると思うが、念をいれて、もう少し詳しくご説明しておこう。

狗奴国はふつう「クヌコク」と読むが、これは「クの国」ということであって、実質的な国名は「ク」だけである。これは朝鮮と中国式の発音だと「フ」である。

「クヌコク」をよく注意してみると、私たちが使う助詞の「…ノ」を「ヌ」と発音している。「ノ」の母音は「O《オー》」だが、それを「ヌ」と母音を「U《ユー》」に発音するのは沖縄語の特徴だから、この「フ」も沖縄発音で、標準語なら「ホ」だとわかる。

だから狗奴国も後世に「ホの国」と呼ばれた国と同じだとわかるのである。この結論が正しいことは、その狗奴国とぴったり同じ位置にあった国として、『記・紀』には数多く「ホ」という当て字をもった国名が記録されている。また倭の五王が「慕《ボ》韓」と書いたのも元はこれだったのである。その当て字の主なものと、それが入った名乗りをご覧いただきたい。

穂　…　日子穂穂手見の命
火　…　彦　火火出見の尊　　火垂る　＝　ホタル
日　…　彦　日日出見の尊
豊　…　豊玉姫　　豊　＝　ホウ・ポウ
宝　…　宝島、　宝満池　＝　ホマ（ホ国）ン（の）池
百　…　百襲《ホソ》姫＝細姫＝百済《ホセ》姫　（鹿児島語は「細い」をホセという）　倭迹迹日百襲姫《やまとととびももそひめ》
本　…　本国「ホのくに」　本来は本国＝祖国とは「ホの国」を指す固有名詞だった。

天武天皇は仙境を求めてやってきた除福の子孫

このハ行とカ行の関係が理解できると、この「ホ」の国と、それをめぐる国々の国名が、何から生まれて、どう分裂して増えていったかが完全にわかる。

沖縄語の「ク」は本土語の「コ」だとわかるから、高麗は「コマ＝コ国《マ》」で、やはり同じ国だとわかる。この高麗は本来「コーライ・コーレイ・コーリー」などとと呼ばれていた。それはこの地方が三〇〇〇年前には、古代世界で最大の貝貨幣・宝貝の産地で供給国だったが、そのため宝貝は今でもインド語で「コーリー」、学名も英語も「カウリー」と呼ぶ。

産物の名の多くは、その生産地の地名と同じになるから、これは「高麗」が世界を代表する産地だったことを記録しているのである。そして、学名と英語の「カウリー」は、実は沖縄語なのだ。那覇《なは》と反対側の中城湾《なかぐすくわん》には「高離島」という島があって土地の人はそれを「カウリー・ジマ」と呼んでいるのである。

それは沖縄発音で、もとは「コーライ」だったことがわかる。なぜならすぐ隣りにある台湾は、秦の始皇帝のころから「蓬莢＝ホーライ」島と呼ばれているからである。「ホ」と「コ」

が入れかわっているだけであることは、ご説明しなくてもいいと思う。

では「蓬莱」という漢字のついた台湾は中国領だったのだろうか？　始皇帝はその島を神仙の住む別世界の仙境と信じて、「真人」になるために神薬を授かりに徐福らをその島へ派遣したのである。この「蓬莢」を徐福らの作り話だとする者が多いが、それは間違っている。それは実在し、徐福は場所も知っていた。

彼は野蛮な独裁者・始皇帝の力を逆に利用して無事に中国を脱出する唯一の手段として、また万一の場合に備える「保険＝人質」として、始皇帝の第三女ら多数の少年少女を連れて移住したのである。その子孫が首都を沖縄に移して大琉球と称し、台湾は小琉球になった。さらに種子島に移って女王国家「ホの国」を建国、南種子町の広田遺跡の墓に「山字文」の貝製装身具を残した。豊玉姫の伝統は弥生時代からのものだったのである。

その後の足取りは、大隅の「襲《ソ》」という別名と「徐《ソ》」は同じ発音だから、そこが「徐の国」だったことがわかり、『日本書紀』と『三国史記』の記事で、さらに多数の証拠が見つかる。「天慧甗《テンエゲン》」もそこに伝えられて実在する。天武天皇はその子孫の一人だったから、あれほどまでに「ヤマト＝仙」にこだわり、それを国教にし、国名にしたのである。

では元の名の「ホーライ」とは何だったのか？　それは台湾の先住民・ギリシャ人の神話に

出てくる大神ゼウスの娘で三人姉妹の「季節の女神《ホーライ》」のことである。台湾はギリシャ以上に温暖な気候と豊富な果物に恵まれた仙境だから、季節の女神の島と呼ばれたのだ。

最初の日の国は種子島

『魏志倭人伝』に書かれた三世紀頃の状況をみると、女王に属していない国・狗奴国と記録された地域は、その女王国・邪馬壹《いち》国の南にあるから、いまの鹿児島県南部の海上にある熊毛郡以外に、その国にあたる地域はない。

またその当時の記録である『記・紀』の神代の部分、過去に日本神話と呼ばれていたものを解析してみても、どんなにしても同じ地域になる。それは『海幸山幸』の物語は、この地域以外の舞台をもたないし、古来それに反対した者もいない。

それは当然のことで、熊毛郡という名前自体が次のように狗奴国そのものなのである。

熊　＝　クマ　＝　ク国《マ》　＝　クぬ《の》国　＝狗奴国

毛　＝　助詞のケ　＝　助詞の「…の」　「…ぬ」（＝「…の」の沖縄訛り）

熊毛郡とは、昔のクマ（ク国＝狗奴国）の「郡」という意味になる。

ちゃんと今でも狗奴国という国名を伝承しているのである。［神武天皇紀］にある熊野迂回《うかい》は、いったん「熊毛王（クマノ王＝狗奴国王）」になって南から邪馬臺《だい》国を攻めた山上王位宮＝垂仁天皇の、この熊毛郡からの卑弥呼政権攻撃を記録したものなのである。

だから『日本書紀』は、「日本国の発祥の地」が「古代日向」であることを明らかにすることに全力をあげている。まず神話部分でそれを繰り返して述べたあと、『人皇紀』または『天皇紀』と呼ばれる天皇史の記事の最初に、重ねてまたそれをもってきている。

誰が考えてもわかるように、実際には「日本人の歴史」は神武天皇以前から始まっているのだが、それを「神代」のことにして、ことさら神武天皇から始まると強調したのは、あくまで「日本国の歴史」に重点を置いたからで、それ以前の「倭国の歴史」は抹殺しないまでも、ボカしてしまった上で、その「日本国の歴史」にとりこんでしまったのである。

日本という国が、日本列島の統一政権の名になったのは、先に確認した通り、中国の唐の時代だった。『旧唐書』には『倭国』と『日本』が別の国であると、はっきり区別して書かれている。それが統一されて単一の『日本』だけになった年は、朝鮮の『三国史記』が六七〇年のことだと書いていたのであった。それは『日本書紀』の書く「大化改新」当時である。それまでは倭国と日本は別の政権だった。とすれば、紀元当時からあったとされてきた、あの「ヤマト政権」は、そのどちらということになるのだろう……。

「大和」朝廷はいつ誕生したか

「邪馬臺《だい》国・大和《やまと》説」というのは、「邪馬臺はヤマトと読めるから、ヤマト朝廷のことに決まっている。奈良以外ではありえない」という説である。

京都大学の内藤虎次郎の、「邪馬臺国・大和説」が『芸文』という雑誌に載ったのは明治四三年（一九一〇）七月のことだから、八〇年以上前の古い説である。これは明治の人々の歴史知識では、紀元前に神武天皇が奈良県橿原《かしはら》市で即位して以来、京都に遷都するまで奈良にヤマト朝廷があった、と思いこんでいたのだから無理もない。

だが、今ではその「神武天皇の即位」は、文部省が否定して「神話（作り話）だから歴史として教えてはならない」と、歴史教育から切り捨ててしまった記事なのである。文部省は「邪馬臺国・大和説」を完全に否定したのだということを見落してはならない。

では京都に都が移るまで確かに奈良に実在したはずの「ヤマト朝廷」は、一体いつ、誕生したのか、ということが、あとに残った問題である。これが解決すれば、ヤマト朝廷とは倭国のことか、日本国のことか、それとも完全に天武天皇の「山徒」国だけのものか、という本書最後の謎が解けるのである。

今では「日本」はニホンかニッポンと発音するし、ヤマトとも読む。しかしヤマトという国名が正式に採用されたのは、七一八年＝元正天皇の養老二年に発布された『養老律令《りつりょう》』以後で、朝廷の名として「大和」という文字を採用したのは、さらに時代が下った七五二年＝孝謙天皇の天平勝宝四年、奈良大仏開眼供養にあわせてのことである。

しかもこの「大和」はヤマトと読むのではない。本当は「ウワ＝大和＝上＝倭」である。あの聖徳太子の「上《うわ》の宮」や貴族を指す「上《うわ》つ方《がた》」などの「ウワ」で、いうまでもなく、あの「倭」の「ウワイ」の略語なのである。

ウワイはなんどもお話ししたように女性仏教徒を指す「優婆畏《うばい》」が、女王国家の名になったものである。そして孝謙天皇は間違いなく女帝だった。一時、位を淳仁天皇に譲ったが、再び即位して称徳天皇になった。その謚号《おくりな》も「上臺《うわつうてな》・宝字・称徳・孝謙・皇帝」で、最初に書かれた「上臺」とは、他の天皇の名乗りと同じく支配する国名と政権をさす「大和国朝廷《うわつくにのみかど》」のこと、ここでは「ウワ」に、大和でなく、はっきり「上」の文字を使っている。

彼女は大仏開眼とともに再び女王国家の確立を企てた。それが「大和」という当て字を採用した最大の理由であった。ロシアのラスプーチンを思わせる妖僧・弓削の道鏡に迷わされて夫・聖武天皇を退位させたあと、自ら女帝になった彼女は高官たちに嫌われ、皇族の橘諸兄《もろえ》や藤原仲麻呂らと激突したあと死んで、最後の女帝になったのである。

以後、この「大和」は「ウワ」と発音されることはなくなった。禁止されたといったほうがいい。男王国家としての「日本国《ヤマト》」が定着したからである。だから夫・聖徳天皇が夢見た京都への遷都（「大養徳・恭仁大宮＝オオヨド・クニのオオミヤ」はまる三年で造営を中止して滋賀県へ移転した）が本当に実現した平安京時代の百科辞典『倭名類聚鈔』には、その「大和」のフリガナを「於保夜萬止＝オホヤマト」と書いてある。オホは倭だから「大和＝倭和《イワ》＝磐《イワ》」、やはり「倭《オホ》・日本《ヤマト》」には変わりはなかったのである。

だから「大和」と書いたものを「ヤマト」と読むようになったのは、一〇世紀以後になってからなのだ。それなのに「邪馬台国《ヤマト》は大和《ヤマト》だ」と空想し、三世紀の邪馬台は奈良だと信じているのが、どんなに日本史を知らない証拠か、よくおわかりだと思う。

それは同時に、倭国から日本に国号を変えた六七〇年には、奈良にはまだヤマトという名は絶対にないということでもある。当然「日本」は他の発音で読まれていたのだ。それは何と発音されていたのだろう……。

種子島の日本は「ホホン」ともよばれていた

「日・火・穂・百」がホに対する当て字で、「彦火火《ホホ》出見」という名が山幸と神武天皇の名乗りにあることも、もうよくご存じだが、この「ホの国」が「日本」なのだから、それは「日＝ホ」「本＝モト」でなければならない。これは母音「o」が「u」になる沖縄語では「フムツ」または「フムチ」になる。

するとこれは垂仁天皇の皇子「本牟智和気《フムチワキ》のミコト＝誉津別《フムチワケ》のミコト」の名乗りと同じなのだ。このミコトは狭穂《さほ》姫皇后と垂仁天皇の悲劇『狭穂の疾雨《はやさめ》』の大ロマンで生まれた皇子である。この史実は神話化して『豊玉姫と山幸彦』の話になっていて、種子島にそれらを濃密に伝える遺跡が残っている。

和気・別は「彦」のことだから「本牟智和気のミコト」とは「日本彦」のミコトということである。彼はその名乗りを種子島で受け継いだのだから、「日本」とは「ホの国」・種子島の古名だったことがわかる。

だがそれだけではない。このミコトの分身と、その名乗りを継いだ神武天皇は「彦火火出見・

日子穂穂手見」という名乗りをもっている。ホが一つでなく「ホホ」と二つなのだ。だとすると「日本」は「ホホン」とも読まれていたのである。最後の「ン」は南九州語の助詞「…の」だから「ホホの」国だったのだ。

その名をとどめている『日本誕生の象徴』が、華やかなロケット基地のごく近くに、いまもなお、ひっそりと実在しているのである。

小国・日本から分かれた新羅

このホホはさらにもっと重要な謎解きをしてくれる。それは天智天皇の金春秋《はるあき》という別名である。『三国史記』は新羅の王家は「朴《ホホ》・昔《ジャク》・金」の三姓だと書き、朝鮮の学者はそれにもとづいて、日本の天皇家は神武天皇系は朴氏、応神～天知日天皇系は金氏、天武～孝謙女帝系は昔氏だといっている。そして私も天智天皇は『三国史記』の新羅王・金春秋だというので、私も朝鮮学者の説を真似ているのだとお思いの方もありそうだが、それはまったく違う。なぜなら新羅は倭の五王時代になってはじめて生まれた国で、「朴・昔・金」の三姓は全部、南九州生まれだからである。

『倭名類聚鈔』の「朴」をみると、その発音は「ホホ」と書いてある。それが彦火火出見と同じく、種子島の国名に対する当て字であることは一目でわかる。

「昔」はジャクと発音する。『新唐書』［東夷・日本伝］の最後に「邪古・波邪・多尼」という三小王国があると書いてあるが、当時の唐の発音と沖縄〜大隅語で読むと「ヤク・ハヤ・タネ」だから「屋久島・隼人・種子島」だと簡単にわかる。この「邪古」は「邪久」と書いたものもある。「昔」は「ジャク」に対する当て字の一つなのだ。

「金」は沖縄発音「ティン」で、「天」と同じ発音である。だから天智天皇の名乗りは金・春秋《ハラキ》と天命《ティン》・開別《ハラキ》との二つの当て字で書かれている。鹿児島の「キン」から出た紀の国の「キノ」や大阪の「チヌ＝茅沼」も「金・天」と同じものである。

これは天智天皇による統一日本国誕生直前まで「五彩圏連邦」が実在していて「キの＝黄の国」があったこと、その連邦の実在も、『宋書』が倭の五王が「海北九十五国＝朝鮮半島全域」を傘下に納めたことと、その名乗りを認めて記録しているので疑う余地はない。

この天智天皇の旧姓・金の問題は、意外なところにまだ証言者がいる。それは『日本書紀』である。［天武天皇紀］上の元年七月のところに近江軍は「合言葉を〝金〟と決めた」とはっきり書いてある。またその旗印は「白」でこれも「新羅」を現わしている。

これに対して天武軍は「赤い布」を衣服に縫いつけて目印にしている。これは「朱雀《すざく》＝南」で、後に持統天皇がはじめて年号を採用したとき「朱鳥《あけみとり》」としたのと同じく、天武のヤマト勢力が、はるか南の大隅からやってきた事実を証言しているのである。

また天智天皇を祭る神社・牧聞《ひらきき》神社が薩摩半島に今も実在し、十三歳で即位した新羅初代王「朴・赫居世」は、「朴＝ホホ＝豊日・赫居世国《かごしま》＝鹿児島」という名乗りへの当て字で、それはほかならぬ卑弥呼の宗女、あの十三歳で即位した壹與女王であることも、多くの条件の一致による完全証明が終わっていて、もう異説を唱える余地は残っていない。

「金のトビ」に助けられた神武天皇は天武天皇のこと

こうして天智政権と「金」の関係がわかると、神武天皇が「金のトビ＝鵄」に助けられて戦いに勝ち、政権を手に入れたという話の真相がはっきりわかる。天武天皇からみれば、天智すなわち「金」が前政権を倒してくれた。そう考えると、その前の「豊日＝トビ」政権もまた、その前の先住民政権を倒してくれたのだから、この「金・トビ」がなければ彼の皇位もなかったのだ、ということになる。これではっきりしたことは、この部分の「神武天皇」は、天武天皇以外には当てはまらないということである。

かつて『日本の中の朝鮮文化』というシリーズが出版されたことがあったが、それは今では完全に逆転して、朝鮮半島の中に「前方後円墳」が発見され、またさらにそれを探す森浩一教授のような先覚者がいる時代なのである。それはさらにこうして、天智天皇の息子・文武王が新羅王として朝鮮半島統一を果たしたという動かない事実が、倭の五王の史実にさらに大きくオーバー・ラップしてきた。

「天皇家は北から侵入してきた北方騎馬民族だという説」が信じられていた昔ならいざ知らず、今ではその説に刺激されて唱えられた「天皇家朝鮮渡来人説」は、どんな角度からみても成り立たない。真実はすべての動かない証拠が「皆、南からの移動」を証言している。そこには「騎馬」も「単一民族」もない。馬でなく「船」と「欧亜の多くの人々の複雑に入り交った集団」が「連邦」を構成していて、その支配権を争奪していたのである。

新羅王が消えると同時に天智が出現

『三国史記』には［太宗紀《たいそう》］の八年六月の記事の終わりに、たった二字「王薨《こうず》」と書いてある。

これは金春秋のことで、彼はその諡号《おくりな》を「太宗」とつけられたほどの新羅最大の偉人である。その記事には、見た夢の話まで長々と書かれている。

それが、なぜ死んだか？　何で死んだのか？　どこで死んだのか？　どんな死にかただったのか？　といった、普通なら無理にでも書くであろうことをいっさい書いてない。この奇妙きわまる記事は、一体なにを意味しているのだろう……。

それはその年が西暦で何年だったかをみれば一度に謎が解ける。それは六六一年である。この年は神武天皇が即位した「辛酉《しんゆう》」の年で、斉明天皇が死んで天智天皇が「称制（天皇に代って政務をとること）」した年である。

新羅で太宗王・金春秋が姿を消すと同時に、日本にまったく同じ名をもった天智天皇が現れている。このことは、金春秋は死んだのではなく、王位を息子の文武王に譲り、朝鮮半島は息子にまかせておいて、自分は日本列島支配に遠征したことを物語っているのである。

だから神武天皇の即位年と書かれている「辛酉」の年もまた正確な記録だったのである。ただし『日本書紀』はそれをひっくり返して、紀元前六六〇年の「辛酉」だということにしてしまった。数字は同じで覚えやすくていいが、一三二〇年もサバを読んでしまったのだ。このことは天智天皇も神武天皇の重要部分に「参加」していることを教えている。

だが今もいった通り、彼は朝鮮半島から出発したのであって、本当に高千穂の宮から出発した神武天皇は天武天皇だった。だから淡海三船《おうみのみふね》はそれも知っていて、神武と天武の双方に「武」の字をつけたのである。

天智天皇と天武天皇は敵対する別部族の王

弟のはずの天武天皇が兄のはずの天智天皇より、四つ年上だったということは、学者仲間の常識であるが、天智天皇と天武天皇とが兄弟ではない、というもう一つの大きな証拠は、その王称である「天皇」というのが天武天皇の方の王称だったのに対して、天智天皇の方は別の王称を使う人々だったこともあげていい。それは彼がまぎれもなく新羅王・金春秋だったからすぐわかる。新羅では後世は単に「王」と呼んでいるが、もともと「歯叱今」と呼んでいた。『三国史記』はこの名詞を「歯は朝鮮語でイと発音する」と解説をつけている。

それをもとに、この発音を復元してみると、「叱＝シ」「令＝コン」だから「イシコン」になる。これは初代王・赫居世が「居西干＝イセカン」という称号をもっているが、それは「伊勢神」に一致する。彼女は確かに伊勢の外宮に祭られている伊勢神である。

イセとイシの発音差は標準語と沖縄語との違いである。するとイシは沖縄語なのだから、「今」の字を「コン」と発音することはない。これは「キン」であって、「イシキン」と読まれていたとしなければならない。これで、この称号がもともと何という称号だったかがわかる。それは初代新羅王の赫居世が、卑弥呼の宗女・壹與だったことが完全に確認されているからである。

彼女が金髪のギリシャ系の女性で、卑弥呼と同じ鳥孫人の子孫であったことは、これもすでにこのシリーズで考証ずみである。その第一の証拠が彼女らの政権があった母国「大隅」という地名が、南九州語の発音で「ウースン」であることがなによりの証拠だと先にもお話しした。それがなぜ、どういう経路で沖縄から鹿児島にかけて住んでいたかも、すでにすべて明らかになった。

天智天皇はギリシャ系だった

そのギリシャ系の人々にとって、王といえば、理想は「王の中の王」だったアレクサンドロス以外にない。ことに烏孫は、あの『三国志』の一方の英傑、呉の皇帝・孫権を生んだギリシャ東征軍（神話のヤーソン）の後裔《えい》で、英雄を理想とする男性国家だった。

だからその血統の王称はアレクサンドロス大王お気に入りの「イスケンダル＝二本角の神」だったのであって、中国人が漢字を当てた「単于＝ダヌウ」は、これまで誤って「ゼンウ」と、でたらめに読まれてきたが、それはイスケンダル王の語尾「ダル王」を沖縄～朝鮮語式に「ダヌウ」と訛《なま》ったもので、後《のち》に完全に「王」を意味する称号になった。天皇たちの「足・根＝タル・タラ＝根子《タラシ》＝多利思《タラシ》（北孤《ホコ》）」もこれと同じものである。

その「ダル」の前の部分の「イスケン」は鹿児島語の発音に一致し、新羅の王称「イシキン＝歯叱今」は、その沖縄発音に一致する。だから歯叱今単于と書けば鹿児島語なら「イスケンダル」というフルネームになるのである。

この王称は朝鮮には残っていないが、鹿児島には今でも地名として残っている。鹿児島市にある「イシキ＝伊敷」がそれで、その地名の由来は伊敷神社の祭神・五十《イ》瓊敷《シキ》入彦のミコトが語源だと、母が教えてくれた。

それをイスケンダルに当ててみると、鹿児島語では「敷く」は「スッ」になるから

伊　敷　彦　は

イ　ス　ケン　である。だから［新羅本紀］が記録している古代王称の

歯　叱　今　ともピッタリ合う。これでわかることは、この当て字はやはり沖縄語

の「キ」を「ケ」と発音する鹿児島語のタイプだということである。沖縄人が「キン」と発音する「今」の字を、「ケン」のところに使っているからだ。これも新羅が、鹿児島で発祥した邪馬壹《いち》国の後の国だという証拠の一つになる。

また奈良には有名な石上神宮があり「イソノカミ」と発音している。しかし［天武天皇紀］にある神武天皇社の挿話や、その遺物によると、祭神は天智天皇という結論になる。すると「石上＝イシカン＝で、鹿児島発音では「イスケン」になる。

これで、天智天皇の王称がイスケンダルを省略したものだったことと、彼等がギリシャ系の人々だったこととの再確認になる。これに対して天武天皇は先にみたようにすべてに中国の秦と方士の影響を受けている。そして「天皇」という道教の王称と「朕《ちん》」という秦語を初めて使ったのも彼である。

これはこの二天皇は、血統は同じでも兄弟どころか全く別部族の出身で、別の伝統文化の後継者だったこととの動かぬ証拠なのである。

天武は沖縄の大秦（ウチナ）系、倭の五王が新羅とは別に書いた、あの「秦韓《シンカラ》＝日の始良《シンカラ》」の王で、始皇帝の第三女または徐福の宗教上の後継者だったのだ。

「飛鳥」とは何のことか？

その天武天皇が初めて奈良に開いた都の名に使用した「飛鳥」も実は大きな謎である。どう見てもこの漢字はアスカとは読めない。これは何か理由のある文字なのか……。

「アシュク」から「アスカ」に変わった「安宿」と「明日香」についてはもう徹底的に理解できたから、最後に残ったこの「飛鳥」の謎に挑戦してみよう。

ページ数も残り少ないから、ずばり答えをお話しすると、それは「トビトリ」に対する当て字だった。「トビ＝豊日・登美」「ト＝人」「リ＝里」で、あの豊日の国から逃げてきた人々の住む村＝里ということだったのである。

村のことを「里＝リ」と呼ぶのは「吉野ガ里」の存在で、九州の言葉だとわかるが、現代も朝鮮半島では、この地区名を使っている。

前に「人」を「ト」と発音するのは秦語だとお話ししたが、大隅半島に隼人町という町があることで、その地域の人の言葉だとすぐわかる。だからその土地を「トビトリ」と呼んだのは、新羅人の天智らではなく、天武側の大隅人だったことまでわかる。

だからこの「飛鳥」という当て字は、大阪大戦の敗北者・孝徳天皇側の倭人が逃げこんだあと、その小さな集落を呼んだもので、そこは首都なんかではなかったことを証言している。それまで栄えた倭国連邦の首都だった「一〇〇万都市」がそこにあったのなら、今の「村」でしかない「里」などと呼ぶわけがないからである。

ではなぜこれまでの学者は、そんなところを都だったと思いこんだのだろう……。

それはそこに後になって小さいながらも都ができたからである。なぜそんなところに都ができたか……。それは先に、天武天皇は立場上、そこに政府を置く以外に方法がなかったということを、徹底して調べ上げておいたのだった。

その豊日人里《トビトリ》に、前の皇帝の後身である「蘇我倉山田石川麻呂」が隠れ住んでいたから、天武はその、いわゆる蘇我と組んで、反天智政権の「飛鳥浄御原政権」をおいたのだった。そこが後世に「アスカ」と読まれるようになったのは、トビトリという軽蔑した発音を消し去る必要上、昔の権威ある「アシュク」を発音として復活させたのだが、それがさらに後世に「アスカ」に変わった。その理由もまた先にお話しした通りである。

これが奈良にはじめて生まれた「山徒」の政権＝「ヤマト朝廷」だったのである。だから今、そのあたりを発掘して出てくる邸宅や役所の跡が小さいのは当然である。もともと逃亡者の住む隠れ里に過ぎないところを、便宜上「仮の政府」として使ったに過ぎない。

ヤマ人の歴史を記録した『日本書紀』

『日本書紀』は、「飛鳥浄御原朝廷」で天武天皇が構想を決めて制作にとりかかった、「ヤマト＝ヤマ神教徒」の歴史書であった。その本質はヤマト中心で、絶対に前政権の新羅系「日本」政権や、前々政権の仏教徒系「倭国」政権のものではない。

そのことは「神代紀」の書き出しから「神」ばかりが登場して、どこにも「仏」の話は出てこないことで明らかである。『日本書紀』に仏教の話が出てくるのは「欽明天皇紀」以後で、それも単にエピソードていどに入れてあるに過ぎない。

それには日本国は、もともと神道国だったのに、欽明天皇の時に百済から仏教が伝来して、それが元で神仏両信者間に争いが起こった、という書き方になっている。

しかし真実は、卑弥呼当時から、すでに狗奴国男王とのあいだに神仏二宗教の対立があり、そのために倭人（優婆畏＝鬼道＝仏教）連邦の「卑弥呼」が政権を失って、神道（シンドゥ）プラス仏教の「垂仁＝神武」プラス「壹與女王」の邪馬壹国政権が、連邦を押さえたのであった。

これは『日本書紀』の視点が山教徒の側にあるため、よそから仏教が伝来したように見えるので、仏教国の倭国側から見た記事ではないことを立証しているのである。

そのため卑弥呼も壹與も豊玉姫も狭穂姫も天照大神の一部分として登場する。天照大神はいうまでもなく古代日向（南九州）よりさらに南の出身である。だから古来だれ一人、天照大神が奈良にいたと唱えたり考えた者はいない。このことは、卑弥呼が奈良にいたとする説が、あまりにも無茶であることを証明している。

天武天皇は「ヤマ人」の歴史を書いたのである。だからその先祖たちの話は神代から神武天皇に至るまで、皆、彼の出身地である南西諸島の話ばかりなのである。仮に彼が東北地方の出身者なら、『日本書紀』は東北地方の神々の話になっている。

こうした視点から当時の真相を検討してみても、卑弥呼が君臨した旁国三〇カ国の存在からみても、またそれに合う現在の地名の分布からみても、朝鮮半島の帯方郡からの距離と方角からみても、三世紀のそれは九州連邦であって、それ以外の地域の奈良あるいは近畿地方に求めることは、どんなにしても不可能である。

南九州出身である天武天皇は、当然のことながら三世紀の故郷の史実をよく知っていた。彼の構想した『日本書紀』が、卑弥呼と大邪馬臺《ウジャマダ》国の所在を、『海幸・山幸』伝承ではっきり表現しているし、彼自身の出発点と到着点とを「神武天皇」に仮託して明記しているのも、また史実を踏まえたものである。『日本書紀』は混乱してはいるが、卑弥呼政権に関するかぎり、どこを取ってみても奈良なんかにはなかったことを、明瞭に証明している。

その反対に卑弥呼が奈良にいたという証拠は、『日本書紀』はもちろん、『古事記』にさえも全然見当たらない。『古事記』は倭人が日本政権批判のために、『日本書紀』の内容を編集し直したものだから、かりに事実なら必ず書き残したはずだからである。

天孫から続く系譜は存在しないのか？

ここで考えなければならないのは『天孫降臨』を、明治～昭和の昔のまま「信じる」というのはどういうことか、ということである。

紀元前はるか太古の「神代」に「ここはお前の国だ。治めなさい」といわれたから、天から降ってきて天皇になった、という話を信じるのなら、まず二～三世紀の［卑弥呼］も、選挙で選ばれて「共立」されたのだから、その政権はもう「天孫族」ではなく、別の政権である。

そのあと「倭の五王」が南からきて西・北・東を征服して、新しい政権を確立したのなら、これも「天から与えられた」のではないから、また「天孫族」ではないことになる。そして卑弥呼政権のあとであることの確実な「俀国」や「倭国」も「天孫族」ではないことになる。それを倒した「日本国」も、とても「万世一系」などではないし、その次の弘文天皇政権は一年ももたなかったから、とても「万世一系」などといえたものではない。

もちろんその後で来た天武天皇も新しい国と政権の創始者であって初代だから、天孫から引き続いた「万世一系」の天皇ではないということになってしまう。

なぜこういう結果になるのだろう……。それは「万世一系の政権」に主眼をおくからである。またウソの部分を見抜けず、見抜こうともせず、私のように見抜く者を敵視してきたから、次第に史実の真相が明らかになってきても、ウソを押し通そうとするから、その主張と真実とがすべて食い違って、「大ウソ」に見えてしまうのである。

だが、証明された史実だけを重視すると、台湾の「ホーライの国」から戦前の大日本帝国まで続いた国は、国名も天皇家も、そして天皇たちの血も、直系ではないが混血によって、「切れ目なし」に継続しているから「万世一系は真実だ」とはっきりいえる。今ではそういえるのは私のこの研究の成果だけなのである。

これに反対して「天から天孫が降臨した」「神武東征は紀元前、即位は奈良の橿原」などと主張すると、すべてが「ウソ」になってしまう。ところが日本にはこの事実を一八〇度反対にしか考えられない愚かな連中がいて、天皇家を泥まみれにしている。『憲法』が定めた「象徴」を否定する「違法者」どもを放置してはおけない。

『天孫降臨』という言葉の真意

最後に『天孫降臨』という言葉の、本当の意味は何だったかという、一つ残った未解決の問題を片づけて、本書の締めくくりにしよう。

まず「天《てん》」とは何かを分析してみよう。それには当時の天皇たちの名乗りが皆この「天」で始まっていることを見逃してはならない。それを整理してみると

孝徳　天萬豊日　天之萬《テシマ》　豊島　豊日国《シマ》　天＝中央政権・天子
天智　天命開別　金春秋　金＝黄ノ　天＝中央政権・天子
天武　天渟《ヌ》中原瀛《オキ》真人　天ヌ中原（ヌ＝の）　天＝中央政権・天子

天武の中原《ちゅうげん》も国の中央だから、「天」はいずれも中央政権を意味していたことがわかる。では「孫」は何か？　「マゴ」と読むと「馬子《マゴ》＝大国《ウマ》の王子《コ》」になる。

これで「降」も「降《くだ》る＝下《くだ》る＝都から離れる」という意味になる。これを通して読むと、「中央政権の天子の王子が、都から地方に下った」という普通の意味になる。何も「天空から舞い降りた」とか「宇宙人だった」とか、幼稚な空想をして眼を丸くするような問題ではなかったのである。

最後に残った「臨」も、その意味は「臨む＝のぞむ」で「身分の尊い者が卑しい者の所に行く」＝臨席・臨場・臨御・臨幸といった使い方と、「見る」というだけの＝臨検・臨写・臨終・臨時・臨機などがあるが、この「のぞむ」の外に「戦車＝兵車」の意味もある。

だから、これらを総合してみると、確かにニギ速日は「身分の尊い者が卑しい者の所に行った」のであって、それは「戦さ」によって負けたことが原因であり、彼は逃げたのだから、「降臨」とは、それによって「卑しい身分になり下《さが》った」ということでもある。

もっと細かく考えるなら、彼が戦争用の車に乗って地方へ下った可能性も、「天《あま》の磐《いわ》船に乗り」という表現から、これを「臨」の字で表現したとしても別に悪くはない。どちらにしても彼は

「逃げた」のであることは間違いない。

また「天から」も鹿児島語の「…から」は、「…を通って」という意味になるし、「磐船《いわ》」も「倭和《いわ》船=倭《イ》人と和《ワ》人（カリエン）たちの船」にたすけられて、それに乗って「アマ=海を通って=海路」を落ちのびた、という意味にもなる。

すると同時に彼がなぜ「ニギ速日」という名で呼ばれているかの謎も解ける。

『古事記』［神武天皇記］には彼は天皇に降参して、「天津瑞《あまつみず》=さきの天は中央政権の天子のことだとすると、その象徴となる宝=三種の神器」を献じた、とあるから、それ以後に逃げたことになるが、そこには「邇芸速日の命」と書いてある。

「邇芸」は沖縄発音で読むから「ニギ」だが、普通に読めば「ニゲ」である。「日」は関東や鹿児島では「シ」と発音する。これを合わせると「邇芸速日」の発音は「ニゲハヤシ」になる。漢字をいれると「逃げ速し」という言葉になる。

『記・紀』には彼とニギのミコトのこととして、いろいろな異説が書いてあるが、彼が「速やかに、逃げた」ことは間違いない。うろうろしていたのでは、斉明天皇のような目にあうか、殺されていたに決まっているからである。

だからそれを風刺《ふうし》して人々は「逃げ速し」と半ば誉め、半ば嘲《あざけ》ったのである。これは想像ではない。当時の日本人は、遠慮なく政府や高官を風刺した。その歌が和歌であったことは先にもお話しした通りである。

『日本書紀』が記録したその一つの解説に蘇我入鹿を「林の臣」と書いたものがあり、また聖徳太子のことを書いた『法王帝説』にも入鹿の別名を「林太郎」と書いてある。この「林＝速日であり、速し」である。これらも「速日＝ソナカ＝蘇我」から読替えたものが、パロディとして通用していたことを示している。

だが、こうしたことはその親族である持統から元明に至る天皇たちには、嫌なことの一つだったことは間違いない。けれども国民はそれをよく知っている。それを消し去ることはできないから、それを彼女らの肉親のことではなく、はるか古代の人のことにするという苦肉の策を採ったということもありうる。

そう割り切ると、「ニギ」は「逃げ」だから、「ニニギ」は「二・逃げ」で、同一人がもう一度逃げたか、あるいはもう一人の別人が続いて逃げてきたかのどちらかになる。『古事記』は反政府文書だから、こうしたことがよくわかるように、わざと「邇芸」と書いて「逃げ」とわかるようにしたとみていいが、『日本書紀』はそれを「饒」という、まるで何のことかわからない文字に変えてしまっている。肉親たちの苦心がわかるのである。

いずれにしてもこうしたことは、当時の日本人が風刺の利いた「戯《ざ》れ歌」を公表し、また文字やその発音を巧みに捉えてパロディを作って楽しみ、相手が天皇であろうが高官であろうが遠慮せず批判した民主的な人々だったことを、はっきり記録している。

非常に言語知識の豊富な、そして言葉とその音感に敏感な、高度の知性と感性を備えた人でなければ、そんな歌を作れないし、また聞いても何のことか理解できない。

当時の日本人が現在の日本人に勝る文化人であったことは、当時の大きな文化遺産である『万葉集』をみてもわかる。

だがそれにもまして評価する必要があるのは、批判された政府側が編集した『日本書紀』にそれを載せた高い民主的知性である。私たちは祖先を誇っていい。

大和朝廷の謎と「日本」建国史

著　者　加治木義博
発行者　真 船 壮 介
発行所　KK ロングセラーズ
東京都新宿区高田馬場4-4-18　〒169-0075
電話（03）5937-6803（代）　振替 00120-7-145737
http//www.kklong.co.jp

印刷・製本　中央精版印刷（株）
落丁・乱丁はお取り替えいたします。※定価と発行日はカバーに表示してあります。
ISBN978-4-8454-5192-0　C0221　Printed In Japan 2024

本書は1995年２月に出版した書籍を改題改訂したものです。